AF724335

大南龍星院

AFFAIRES FRANCO-SIAMOISES

5707

Le Laos Annamite

Régions des Tièm (Ailao)
des Moïs et des Pou-Euns (Cam-Môn et Tran-Ninh)
restituées en 1893

Avec trois cartes et une phototypie

Par Ch. LEMIRE

CORRESPONDANT DU MINISTÈRE ET OFFICIER DE L'INSTRUCTION PUBLIQUE
CHEVALIER DE LA LÉGION D'HONNEUR
COMMANDEUR DU DRAGON D'ANNAM ET OFFICIER DE L'ORDRE DU CAMBODGE
LAURÉAT DE L'INSTITUT ET DE LA SOCIÉTÉ DE GÉOGRAPHIE COMMERCIALE DE PARIS
AUTEUR D'OUVRAGES ADOPTÉS PAR LES MINISTÈRES ET LES ÉTABLISSEMENTS D'INSTRUCTION PUBLIQUE

ANGERS
GERMAIN & G. GRASSIN
IMPRIMEURS-LIBRAIRES
20, rue du Cornet et rue St-Laud

PARIS
A. CHALLAMEL, ÉDITEUR
LIBRAIRIE COLONIALE
5, rue Jacob et rue Furstenberg, 2

1894

L 10/34 34 L.

GERMAIN ET G. GRASSIN. ANGERS

AFFAIRES FRANCO-SIAMOISES

LE LAOS ANNAMITE

BIBLIOTHÈQUE NATIONALE R.F. IMPRIMÉS

K 10 214

EXTRAIT DE LA *REVUE DE L'ANJOU*

AFFAIRES FRANCO-SIAMOISES

BIBLIOTHÈQUE NATIONALE R F IMPRIMÉS

LE LAOS ANNAMITE

Régions des Tiêm (Ailao) des Mois et des Pou-Euns (Cam-Môn et Tran-Ninh) restituées en 1893

Avec trois cartes et une phototypie

Par Ch. LEMIRE

CORRESPONDANT DU MINISTÈRE ET OFFICIER DE L'INSTRUCTION PUBLIQUE
CHEVALIER DE LA LÉGION D'HONNEUR
LAURÉAT DE L'INSTITUT ET DE LA SOCIÉTÉ DE GÉOGRAPHIE COMMERCIALE DE PARIS
AUTEUR D'OUVRAGES ADOPTÉS PAR LES MINISTÈRES
ET LES ÉTABLISSEMENTS D'INSTRUCTION PUBLIQUE

ANGERS
GERMAIN ET G. GRASSIN
IMPRIMEURS-LIBRAIRES
40, rue du Cornet et rue Saint-Laud

PARIS
AUGUSTIN CHALLAMEL, ÉDITEUR
LIBRAIRIE COLONIALE
5, rue Jacob et rue Furstenberg, 2

1894

I

LE PAYS DES TIÊM ET DES MOÏS

ENTRE L'ANNAM CENTRAL ET LE MÉKONG

Région restituée par le traité de Bangkok du 3 octobre 1893

Journal de route (août et septembre 1892)

1° De Dong-Hôi à Cam-Lô ;
2° De Cam-Lô à Axoc par le Dong-Nai ;
3° De Axoc à Ai-Lao par Lang-Sên ;
4° De Ai-Lao à Quang-Tri par Mai-Lanh ;
5° De Quang-Tri à Dong-Hôi.

SOMMAIRE. — Région entre l'Annam central et le Mékong. — Les 9 châus Tiêm. — Les 9 cantons Moïs. — Destruction du royaume de Vien-Chan. — Invasion siamoise dans les 9 chaus. — Nouvelles usurpations siamoises. — Postes franco-annamites. — Les sables de la route. — Marché de Cam-Lô. — Les canons de Tân-So. — Convois. — Départ de Cam-Lô. — Mâu-Hoa. — Xa-Luân. — Un éléphant pour une femme et six buffles. — Relation entre les Moïs des deux versants. — Organisation des Moïs par le Gouvernement annamite. — La forêt. — Les douze gués du Ban-Cac. — Ressources du pays. — Le massif du Dong-Nai. — Bassin du Mékong. — Axoc. — Défilé de rochers. — Le Sê-Mu. — Le Hoi-Gam. — Chutes et cascades. — Lang-Sên. — Les sauvages. — M. Harmand, premier explorateur de la région. — Productions et objets d'échange. —

Tabac, bétel et opium. — Le guide Khoan. — Tentatives des Siamois. — Femmes Tiêm et Moïs. — Arbres géants. — Porteurs Moïs. — Route dite mandarine. — Adoa. — Retour dans le bassin annamite. — Village et rivière de Lam-Tui. — Les cornacs. — Épidémies. — Bassin du Mékong. — Exploitation des bois. — Ai-Lao. — Le serment à Ou-Bôn. — Prohibitions siamoises. — Projet de marché. — Relations entre les villages. — Le Rau-Quan. — Les serpents d'eau. — Mai-Lanh. — La fièvre des bois. — Le retour. — Conclusions.

Région entre l'Annam central et le Mékong. — A l'ouest des provinces annamites de Quang-Tri et Quang-Binh, c'est-à-dire entre la côte d'Annam, de Hué à Dong-Hôi, d'une part, et le Mékong, de La-Khon au Sê-Don ou rivière de Saravane, d'autre part, s'étend une vaste région de 40.000 kilomètres carrés embrassant les bassins du Sê-Bang-Fai au nord, du Sê-Bang-Hien au centre, et du Sê-Don (Attopeu) au sud.

Cette région est habitée par deux races : 1° Les Tiêm, qui ne diffèrent pas des Pou-Euns du Trân-Ninh et sont une souche laotienne des Pouthaï; 2° les Moïs, appelés Khas (ou Sas ou Sos ou Souïs).

Ces peuplades étaient soumises, depuis plusieurs siècles, à l'autorité des rois d'Annam et payaient un tribut annuel peu élevé en nature et en argent. Le roi Gia-Long s'occupa de l'organisation administrative du pays ; cette tâche fut poursuivie jusqu'en la septième année de Minh-Mang (1827).

Les 9 châus Tiêm. — Les Tiêm furent divisés en 9 châus ou Mu'ongs, savoir :

Noms annamites et noms laotiens :

Lang-Thin (Mu'on-Phin).	Ta-Bang (Phabang).
Na-Bon (Tchepone).	Xuong-Thanh (Xienghom).
Thu'ong-Khê (Muong-Nong).	Balan (Pha-lan).
Mu'ong-Vang (Chau).	Mu'ong-Bong (Nam-Nau).
Mu'ong-Chang (poste).	Tam-Bong (Mu'ong-Phong).

Les 9 cantons Moïs. — Les villages Moïs furent agglomérés en 9 cantons, savoir :

Ogiang.
Tam-Linh.
La Miet (ou Lambui).
Lang-Sên ou Lang-Liên.
Viên-Kiêu.

Lang-Ha.
Lang-Thuân.
Adi.
Tam-Thanh.

Ces 9 cantons comprennent 67 villages Moïs. Le Phu (préfecture) de Cam-Lô (province de Quang-Tri) est le centre et le siège administratif de la région, dont le croquis spécial ci-joint montre la configuration.

Une route de deux à quatre mètres de large reliait ce centre et ce marché annamites au grand fleuve du Mékong par Mailanh, Lao-Bao et Na-Bon d'une part et par Lam-Bui, Lang-Sên et Xuong-Thanh, d'autre part. Sous les ordres du Phu (préfet) de Cam-Lô, un huyen (sous-préfet) était installé à Na-Bon, puis à Lao-Bào, puis à Lang-Con et a été supprimé de fait en 1885. Au moment même où s'achevait l'organisation du roi Minh-Mang, sa dislocation commença.

Destruction du royaume de Viên-Chan. — A cette époque, cette région était, en effet, vingt fois plus peuplée qu'aujourd'hui [1] ; mais elle fut ravagée par les Siamois après la destruction du royaume de Viên-Chân (Nam-Chu'ong), fondé au XIIIe siècle, qui s'étendait de Nong-Kay jusqu'à La-Khôn et était limitrophe avec le pays Tiêm. Sous le règne de Minh-Mang, et jusqu'en 1827, ce royaume de Viên-Chân était tributaire de l'Annam, tout en ayant dans sa propre vassalité plusieurs principautés et des colonies comme Oubôn et Bassac. Ce point, simple poste frontière du Viên-Chân en 1641, était devenu chef-lieu de principauté en 1712 et resta indépendant jusqu'en 1767. Le roi de Siam, en 1827, prit ombrage de la puissance du Viên-Chân,

[1] Voir *Les frontières de l'Annam-Tonkin avec le Siam et la Birmanie*, par Ch. Lemire (1889). *Les relations du Cambodge avec l'Annam, le Siam et la France*, avec une carte, par le même auteur (1879). Challamel, éditeur, Paris.

fit la guerre à son roi Anone, et le défit. Anone se réfugia au Trân-Ninh et fut envoyé à Vinh, en Nghê-An. Le gouverneur annamite le renvoya à Xien-Quang (chef-lieu du Trân-Ninh), avec des troupes annamites commandées par Van-Tuong, qui fut battu par les Siamois et s'enfuit. Anone fut livré aux Siamois qui ruinèrent le pays, pendant que les troupes annamites ravageaient le Trân-Ninh, dont le prince fut décapité pour avoir livré au Siam le roi vaincu.

Le royaume de Viên-Chàn n'existait plus (1828). Le Siam et l'Annam firent la paix. La rive droite du Mékong fut acquise au Siam ; mais les principautés de la rive gauche, Trân-Ninh, Cammôn, Cam-Keut, Tran-Biên, le pays des Tiêm, les neuf châus, etc., restèrent définitivement la possession du roi d'Annam. L'aîné des fils du roi vaincu fut rétabli dans sa capitale du Trân-Ninh en 1831.

Cependant le chef des châus (districts) de la rive droite, nommé Phuoc-Bo-Lam-Chieû-Mang, avait demandé, malgré ces événements, à continuer à faire partie du territoire annamite. Le roi Minh-Mang l'avait nommé en 1829 Dong-tri-phu du Phu de Lac-Biên. Ce Phu (préfecture) était rattaché à La-Khon, qui s'étendait sur les deux rives du Mékong et payait, depuis Gia-Long, le tribut triennal à Hué entre les mains du gouverneur du Hatinh.

Les Siamois continuèrent leurs ravages en redescendant le Mékong sur la rive gauche. Ils soumirent trois des 9 Châu-Tiêm, ceux de Mu'ong-Bong, Tambong et Balang, et emmenèrent sur la rive droite et jusqu'à Bangkok une grande partie des habitants des six autres châus. Dans leurs chants et leurs dialogues du soir, accompagnés en sourdine par les khên[1], les Tiêm racontent les terreurs et les misères de cette époque sanglante.

La vallée du Sê-Ban-Hien fut en partie visitée en 1867 par M. de Lagrée : « La domination annamite, dit-il, s'était étendue jusqu'en 1831 sur toute la rive gauche du fleuve,

[1] Flûte de Pan à 16 tuyaux imitant l'orgue.

du 16ᵉ au 17ᵉ degré de latitude. Les populations de cette zone payaient un tribut annuel à Hué. La route de cette capitale au Mékong, à Kemmerat, était *très fréquentée par les annamites*. De *nombreux échanges* commerciaux avaient lieu avec les *laotiens*. »

Invasion siamoise dans les 9 châus. — « Les Siamois attaquèrent sans provocation ces châus en 1831, furent battus par les Annamites et poursuivis jusqu'au fleuve, en face de Ban-Muc. Ils revinrent à l'improviste et enlevèrent une partie de la population qu'ils transportèrent sur la rive droite. Les Annamites ne voulurent pas recommencer la lutte dans un pays devenu désert. Alors les Siamois y ramenèrent des habitants venant d'Oubon, de Kemmerat, etc. »

Dans le haut de la vallée, un chef annamite était resté auprès de chaque chef de châu laotien. Cette région était, paraît-il, autrefois une province du Ciampa et de là vient peut-être que les habitants se nomment encore aujourd'hui Tiêm (ou Tiams ou Kiams).

Le roi Tuduc rappela en vain à lui les trois châus usurpés; mais il s'efforça de conserver l'administration des six autres restés en sa possession jusqu'en 1885.

Nouvelles usurpations siamoises. — Profitant de nouveau des troubles survenus en Annam, le roi de Siam envoya quelques soldats occuper le Trân-Ninh, puis les six châus Tiêm, au mépris de tout droit, et depuis lors il refusait de les restituer à leur souverain légitime.

Postes franco-annamites. — En février 1892, un poste franco-annamite fut installé à Ai-Lao, sur l'emplacement même du pénitencier que l'administration annamite y avait entretenu jusqu'en août 1885. Le premier poste siamois était à trois heures à l'ouest de ce point, à Ho-Xang, sur la Tchepone.

Un autre poste franco-annamite fut établi le 1ᵉʳ septembre à Axoc, sur la route de Tabang, afin d'empêcher de nouveaux empiètements de la part des Siamois. J'avais été envoyé dans la région pour rendre compte de la situation et j'arrivai à Cam-Lô le 28 août.

Les sables de la route. — J'avais suivi de Dong-Hôi à Yen-Bua la route mandarine. La marche dans les sables de Quang-Xa fut pénible. Le thermomètre marquait 35° à l'ombre. Les porteurs urinaient sur leurs pieds pour empêcher la peau de se gercer.

Marché de Cam-Lô. — J'assistai le 29 au marché principal de Cam-Lô, qui a lieu six fois par mois. Il y avait environ 1.500 personnes. Les éléphants, les buffles et bœufs s'arrêtent aux environs, avec leurs charges, et pour servir aux échanges.

Avant l'occupation siamoise, les habitants des 9 châus Tièm venaient eux-mêmes à Cam-Lô. Ils ont cessé de s'y rendre par ordre des Siamois, depuis quatre ans. Ils sont obligés de se servir des Moïs comme intermédiaires; car il n'y a aucun marché dans la région des *Tièm*, nom que les Annamites et les Moïs donnent à l'ensemble des 9 châus, dont les habitants (Pou-Thai ou Pou-Euns) sont distingués des laotiens, qu'ils appellent *Lao*.

Il résulte de cet état de choses que les Tièm, comme les Moïs, ont tous leurs intérêts dans la région annamite, vers Cam-Lô; de là leur attachement motivé pour la terre d'Annam où est le seul débouché de tous les produits et le seul lieu de leurs échanges. Les Moïs y achètent même de seconde main leurs propres manteaux. Depuis Axoc au nord-ouest jusqu'à Mailanh au sud-est, tous les Moïs, hommes et femmes, viennent au marché de Cam-Lô. Il y a parfois jusqu'à vingt éléphants dans le voisinage, les entraves aux pieds.

Le marché a lieu sur une grande pelouse gazonnée au carrefour des routes et à proximité d'un bouquet de grands arbres. Il est en voie de développement grâce à la suspension des douanes forestières, que le roi d'Annam vient fort heureusement de supprimer par un remarqable édit provoqué par l'administration du Protectorat français. Maintenant qu'ont cessé les prohibitions siamoises, ce marché prend un grand essor. Les abris en paillotes sont nombreux ; mais ils étaient tellement encombrés que les marchands et les Mois avaient envahi le dinh (pagode communale) pour éviter le soleil ou la pluie. Les abris ont dû être prolongés et le marché approprié pour que la circulation y soit plus facile.

De riches gisements de fer sont exploités à Chu-Kiêt, à 3 kilomètres de Cam-Lô. C'est là qu'on fabrique les ustensiles de culture et de ferme.

Les canons de Tan-So. — Les pièces de canon venant du col fortifié de Tan-So, où il y en avait quatre-vingt-douze, sont remisées à Cam-Lô. Il y en a de fort belles dont plusieurs mal enclouées.

Quand le gouverneur général, M. de Lanessan, est venu à Cam-Lô, en avril 1892, on avait placé une de ces pièces devant la case qu'il habitait. Depuis lors, le tube de bronze faisait entendre un grondement qui semblait plus fort la nuit. « Le génie du tonnerre, disaient les soldats annamites, était venu en même temps que le gouverneur et s'était logé dans la pièce. » Le Quan-Phu la fit enlever et mettre au fond de la salle de réception. La bouche du canon s'y trouvant à l'abri des vents régnants, le grondement a cessé depuis lors.

On sait que les neuf grosses pièces ouvragées qui sont au palais de Hué portent chacune le nom du génie qui s'y est logé pendant la fonte.

Convois. — Les chaises à porteurs passent très difficilement dans les fourrés, les coudes brusques, les montées et descentes. Il faut se contenter du filet annamite avec montant courbe, comme en ont les mandarins, et de simples palanquins pour les malades. Les habitants savent du reste confectionner des treillis de bambou sur lesquels on place l'homme à porter. On attache étroitement le treillis à un long bambou pour éviter le balancement. Deux feuilles de bananier sont placées au-dessus pour garantir du soleil ou de la pluie et on passe ainsi dans tous les endroits difficiles.

Il est indispensable d'emporter de la quinine, du thé, de l'ammoniaque, de l'acide phénique, et les médicaments les plus usuels, des bandes pour les plaies, une solution faible de bichlorure de mercure pour le cas où les piqûres de sangsues causeraient une hémorrhagie.

Les jambières en toile valent mieux que les houzeaux de cuir. Les guêtres sont plus nuisibles qu'utiles. Les vêtements de toile pour le jour et de flanelle pour le soir sont nécessaires, à cause des variations de température. L'humidité nous forçait à entretenir du feu la nuit dans les cases ouvertes à tous les vents. Il y a du reste un foyer carré au milieu de chaque pièce.

Les chevaux annamites sont fort utiles en terrain plat. On leur fait passer en main les endroits difficiles.

Les bagages ne doivent se composer que de valises ou caisses de 20 kilos pouvant se porter à dos. Les hottes moïs sont fort commodes et leur couvercle en pointe les met à l'abri de la pluie. Le riz se porte en paniers d'un demi-luong (15 kilos).

Les éléphants se louent 70 cents par jour et par tête avec deux cornacs. Ils ne font que 1.200 mètres à l'heure. Le bât est très petit. On garnit l'arrière avec une hotte ou une valise pour servir de dossier ; de même sur chaque côté on place des couvertures repliées, on en met une au fond et sur les bords du bât, sous les genoux, et l'on se tient assis ou accroupi dans le bât et en travers.

On monte soit par une échelle soit par la plate-forme d'une case, en passant sur la tête de l'animal, soit en se hissant sur le genou de l'éléphant au moyen des amarres du bât. Il est bon d'avoir quelques coupe-coupe pour se débarrasser des lianes et de la broussaille.

Le voyage est facile par beau temps; mais par la pluie ou l'inondation les conditions de marche, de vitesse, changent totalement et les difficultés sont grandes. Il faut nécessairement aller à pied et ne pas craindre de se mettre dans l'eau, dans la vase. Des couvertures sont indispensables, ainsi qu'un manteau court et léger. Un solide bambou épointé soutient la marche. Les coolies doivent être munis de bambous fourchus pour supporter leur fardeau en changeant d'épaule et en passant les rivières.

Trois sentiers mènent de Cam-Lô au Mékong : L'un par Mai-Lanh, Lang-Con et Ai-Lao; c'est celui du sud et le plus fréquenté. Un autre par Tam-Son, Adoa, Lambui, Lang-Sên et Xuong-Thanh; c'est la route médiane. Un troisième par Mâu-Hoa, Cugiong, Dagiung, Axoc et Tabang; c'est la route du nord. C'est celle que nous suivons.

Départ de Cam-Lô. — Nous partons de Cam-Lô à 4 heures après midi, le 29 septembre, par temps chaud et sec. Nous traversons à 5 heures la rivière de Cam-Lô, large de 60 mètres, au village de Tung-Dué. Beaucoup de barques y sont réunies.

Mâu-Hoa. — On laisse à gauche le village de Kim-Dau et l'on suit les rizières, puis l'on entre en plaine jusqu'à l'ancienne douane de Mâu-Hoa, où il ne reste plus que la maison du nommé Tu, entourée de cultures. C'est la dernière case annamite. Les buffles y servent tantôt au labour, tantôt à l'exploitation des bois. La forêt commence un peu plus loin. Nous campons là pour la nuit à 6 heures; mais le sol où ont été déposés de vieux bois est infesté de centpieds (scolopendres) et plusieurs hommes piqués viennent se faire panser.

Laissant Mâu-Hoa à 6 h. 30 du matin, nous entrons bientôt en forêt.

Xa-Luân. — Les mois de Xa-Luân, village qu'on aperçoit dans la feuillée à droite, viennent m'apporter des rotins façonnés en cravaches et me raconter que si leur village ne compte plus que trois familles c'est à cause de la perte de leur éléphant, valant 12 nén[1].

Un éléphant pour une femme et six buffles. — Les gens du village de Câu-Bai, au-delà d'Axoc, le leur ont enlevé en remboursement de la valeur : 1° de six buffles, qu'ils avaient achetés et n'avaient pas payés, et 2° d'une femme Moï cédée au vendeur et reprise ensuite par son village. Le sous-chef de canton a promis de régler cette affaire, mais il est douteux qu'il y parvienne jamais.

Relations entre les Moïs des deux versants. — Le fait à en retenir c'est que les Moïs du versant annamite entretiennent d'étroites relations avec ceux du versant du Mékong; qu'ils s'allient aux Tièms de cette région; que pour eux il n'y a pas deux régions, pas de ligne de partage; qu'ils considèrent comme leur pays le vaste espace de 40.000 kilomètres carrés entre Cam-Lô et le Mékong, du Sê-Bang-Fay au Sê-Don.

Bien plus, des villages du canton Moï de Lam-Bui (les Annamites disent La-Miêt), des cantons de Leng-Sên et de Viên-Kieû, des hameaux de A-Doa sont situés sur les deux versants, dans la partie centrale où les sources des rivières des deux bassins se rejoignent et se touchent presque. Comment dès lors séparer des tribus Moïs, des cantons, des familles, des cultures, et en attribuer une partie au Siam et une à l'Annam ? ou comment les faire émigrer tous dans l'un ou l'autre bassin ?

Organisation des Moïs par l'administration annamite. — Nous avons dit que le gouvernement annamite avait organisé, depuis le règne de l'empereur Gia-Long jusqu'à la neuvième année de Minh-Mang, ces tribus en cantons (tong) comprenant des villages (lang) et des hameaux (âp). Les Moïs ne pouvaient que se soumettre à

[1] Un nén est un lingot d'argent valant 15 piastres ou 50 francs.

cette division ; mais ils ne l'ont pas acceptée. Depuis que les liens étroits de la surveillance annamite se sont relâchés pour faire place à l'indifférence, à l'ignorance et à la répulsion des mandarins pour ces pays, les Moïs, qui ont l'habitude de désigner les villages par le nom du chef héréditaire, ont fait de chaque village un canton analogue à la tribu et tous les chefs sont appelés *tong* et conservent en fait l'autonomie de leur tribu ; ils ont ainsi tourné la difficulté qui les gênait.

J'ai dû insister pour qu'ils avouent qu'ils n'étaient ni tong, ni pho-tong et qu'ils dépendaient réellement de tel ou tel canton.

Le fait est que les tongs ou les pseudo-tongs ont d'autant plus d'autorité qu'ils possèdent plus de membres dans la tribu, plus de ressources en buffles, éléphants, cultures. Le nom importe peu à la chose, chaque chef de village reconnaissant l'autorité de l'Annam sans conteste. Depuis Tu-Duc, l'administration annamite semble s'être désintéressée de la question. Tous les tongs, pho-tongs et chefs d'importants villages n'ont que les brevets de nomination délivrés à leurs pères. Aucun n'a, depuis Minh-Mang et Thiêu-Tri, été renouvelé depuis lors.

C'est une organisation à rétablir dans l'ensemble et à suivre avec soin.

Les Annamites ont employé pour soumettre les Moïs les mêmes moyens que les Chinois pour les peuplades placées sous leur domination. Leurs agents, hommes énergiques et persévérants, leur ont fait comprendre leur supériorité en se disant « les envoyés du Fils du Ciel ». Ils leur ont insinué que tout ce qui émane de lui a une valeur autant religieuse qu'administrative, et que tout bàng-càp (brevet de nomination) est un précieux talisman ; que l'obéissance est due au Roi céleste sous peine de s'exposer à des fléaux qui seraient les châtiments du Ciel irrité, de sorte que les Moïs craintifs ont placé ces bàng-càp sous la garde du village, n'y touchent jamais, ne les sortent qu'avec l'assentiment de la tribu réunie et à la suite du sacrifice d'un buffle et sur un ordre du grand mandarin de la région. Si l'on ajoute à ces considérations qu'ils étaient astreints à des cadeaux, à de longs voyages ; qu'ils étaient parfois mal reçus ; qu'on leur demandait de laisser croître leurs cheveux, de quitter le manteau et le pagne pour la robe et le turban, de faire les salutations (laïs) à genoux, chose à laquelle il restent, malgré eux, gauches et inhabiles, on comprendra que l'administration annamite soit devenue lettre morte depuis plus de trente ans. Mais les relations de commerce entre le peuple annamite et les peuplades Moïs n'ont jamais cessé, et c'est ce qui explique comment la forte et sévère organisation de Minh-Mang, qui avait mis un huyen à Lang-Con, ait conservé dans la pratique tous ses bons effets.

Il faut dire aussi que jusqu'en 1885 l'administration annamite a été représentée plus ou moins convenablement à Lao-Bao et n'a fait que resserrer le trait d'union entre cette région et le Phu de Cam-Lô. Sans cette interruption, due à diverses causes, la colonisation annamite se serait étendue de Cam-Lô aux châus des vallées du Mékong.

Cu-Giong. — Nous arrivons à Cu-Dong (Cu-Giong). C'est un village de huit familles et cinq cases. Il possède un petit éléphant femelle, très dur à monter et qu'il me loue.

Bancs de roches. — Nous passons au gué du Thach-Cac. Ce cours d'eau vient de Lam-Bui et forme plus bas le Rau-Quan qui se jette près de Mai-Lanh dans la rivière de Quang-Tri. Nous sommes suivis par une nuée de taons. Les sangsues de terre nous dévorent, malgré les jambières, les jambes et les mains.

La forêt. — La forêt est superbe : les grands arbres, au tronc droit de 50 mètres sous branches, sont innombrables et entremêlés de lianes gigantesques, de cycas, de kentias, d'orchidées, de lataniers, de rotins, de fougères variées dont quelques-unes sont arborescentes, mais à feuille étroite. Les arbres à huile (cay-dau), les caoutchoutiers, les essences odorantes abondent. Rien ne trouble le vaste silence de ces forêts, si ce n'est une sorte de cigale noire qu'on voit sur les troncs d'arbre et dont les hélitres font un bruit de trompettes. Les paons sont nombreux, mais seulement auprès des cultures.

L'eau du Song-Càc est très claire, mais des petits poissons voraces se jettent sur nos jambes nues. Nous campons la nuit à la lisière du bois, sur des blocs énormes de rochers qui ont fait donner ce nom au gué.

Le lendemain 31, nous passons le Rau-Càc quatre fois et nous faisons halte à Lang-Càc qui comprend deux hameaux.

Les douze gués du Rau-Càc. — Nous repartons à midi et nous passons huit fois le Rau-Càc. Le sentier est très bon. L'ascension se fait à pied depuis Xa-Luan et se continue jusqu'à Da-Dung (Gia-Giung). Il y a quelques mauvais passages et surtout beaucoup de sangsues, bien que le temps soit sec ; mais dans la forêt le sol est toujours humide.

Le Song-Càc et les ruisseaux qui le forment coulent sur un lit de galets et de roches noircis par les matières en suspension dans l'eau. Dans les cuvettes et les bas-fonds où l'eau est stagnante, sa couleur est toute noire. Les Moïs boivent impunément l'eau de leurs ruisseaux. Je demande aux Annamites pourquoi cette eau leur fait mal et non aux Moïs. « C'est parce que les Moïs, me dit l'un, sont noirs et les Annamites sont blancs ! »

Un jeune Annamite, nommé Nghièn, interprète pour les langues siamoise, annamite et française, récemment arrivé de l'École coloniale de Paris, marchait en complet bleu très élégant, son ombrelle à la main. Il trébuche sur les galets, tombe dans un trou et y laisse en partie

BIBLIOTHÈQUE NATIONALE BF

son pantalon collant. L'incident l'égaye comme tous ses compagnons et il reprend la marche, sans fond de culotte, et plus exposé aux sangsues qui en profitaient.

Ce jeune homme de 25 ans, très intelligent et très vaillant, avait gagné la sympathie de tous. Il avait passé quatre ans à Bangkok et trois ans en France. Il était en état de rendre à l'administration annamite des services spéciaux. Peu après son retour à Hué, il fut emporté par un accès pernicieux. Il est juste de rendre hommage à ses qualités qui nous font déplorer vivement sa perte si prématurée.

Da-Dung. — Nous passons à 4 heures à l'ancien Da-Dung qui est abandonné. Les hommes et les femmes détournaient une branche du Song-Càc pour capter le poisson. Ils ont des filets de pêche, des éperviers.

L'ancien Da-Dung comptait quatorze cases. Il a subi au mois de mai une épidémie, qu'ils disent être la variole et que je crois être l'influenza, qui sévit dans beaucoup de villages Moïs et Laotiens en ce moment. Ils ont reconstruit le village dans un cirque de montagnes boisées, dominé par un pic appelé Co-La-Som, qui précède le massif du Dong-Naï.

Ressources du pays. — Leurs cultures sont nombreuses. Ils ont trois éléphants. Les porcs, les volailles et les œufs abondent dans tous les villages. Ils élèvent des buffles pour les vendre et pour les sacrifices, mais ils ne les font pas travailler. Ils n'ont pas de bœufs et donnent pour prétextes que les bœufs détruiraient les cultures, tandis que les *Tiém* en élèvent un grand nombre qu'ils vendaient naguère à Cam-Lô et à Quang-Tri. Ce commerce a repris en juin 1893.

Pas plus qu'à Cu-Dong, je n'ai pu me procurer de riz, et les porteurs sont nourris au maïs, qu'il faut faire griller ou bouillir, ou écraser en arrivant à l'étape. C'est une maigre subsistance pour une marche en montagne avec des fardeaux.

Ces villages ne sont pas palissadés comme chez les Moïs

du Binh-Dinh et du Quang-Ngai. L'entrée n'en est pas défendue par des barrières. Les cases sont ouvertes à tous. Les habitants sont très accueillants. Ils viennent au devant de moi. Les femmes apportent l'eau et le bois et pilent le maïs et le riz gluant (nêp). Les chefs et notables revêtent aussitôt la robe et le turban. On voit qu'ils sont en partie annamitisés.

Nous quittons Da-Dong et nous continuons à gravir le Dong-Nai, après avoir passé trois fois le Song-Ca et deux de ses affluents, puis quatre fois ses sources.

Le Dong-Nai. — Nous sommes à 9 heures 30 au sommet de la chaîne. Le vieux chef de Da-Dung (Gia-Giung), qui nous guide, s'arrête et dépose sur un tas de pierres une branche de feuillage en faisant sa prière aux génies de la montagne. A son retour, il fera de même, en ajoutant une pierre au tas qui borde le sentier. Celui qui ouvre la marche fait de même à chaque voyage, à l'aller et au retour.

Cette coutume qu'ont les passants et les voyageurs de jeter des pierres, des débris de poterie au pied des rochers, des gros arbres, des édifices qui marquent une délimitation de territoire ou de frontière, date de l'an 40 après Jésus-Christ.

Les Chinois, sous la conduite du général Ma-Vien, ayant défait les Annamites (Giao-Chi), commandés par les deux sœurs Trung-Trac et Trung-Nhi, les héroïnes de la guerre de l'indépendance, firent élever une colonne de bronze à la frontière avec cette inscription : « Quand cette colonne disparaîtra, la race des Giao-Chi disparaîtra. »

Les Annamites s'empressaient de la consolider au pied ; mais elle disparut probablement sous le monceau de pierres qu'on y avait accumulées[1].

Des soldats laotiens avaient rétabli le poteau-frontière siamois, renversé en mars dernier. On l'abat de nouveau en laissant les deux mauvais abris voisins.

[1] *Annales annamites.*

Les Moïs feront savoir aux Laotiens au service du Siam, s'ils reparaissent, que ce poteau a été abattu par les soldats annamites le 1er septembre 1892 et ne doit pas être relevé.

Bassin du Mékong. — Nous descendons la chaîne par un sentier abrupt, coupé d'ornières vaseuses, et nous abordons les sources de Ké-Ca-Dam à 11 heures.

C'est un affluent du Miên-Hiên. Il forme au gué un beau bassin entouré de roches, et nous y campons une heure. Nous sommes dans le bassin du Mékong.

Le Ké-Ca-Dam. — Nous traversons pour la troisième fois le Kê-Ca-Dam, devenu une rivière, la Miên-Hiên, dont le courant est violent. Nous avons de l'eau au-dessus des genoux et la largeur est de 20 mètres. Après la septième traversée, elle est de 40 mètres.

Nous avons devant nous le pic de Co-Rai, et nous arrivons à Axoc à 3 heures. La pluie tombe depuis le 31.

Axoc. Le chef Lôi. — Nous logeons dans les cases du chef *Lôi* (Tong-Lôi), homme influent et très serviable. Il est connu de tous les villages. Les Moïs de Da-Dung qui m'avaient loué deux éléphants repartent le soir même. Ils ne craignent pas de voyager la nuit et connaissent tous les sentiers de la forêt.

Le chef du village de Trac, entre Axoc et Man-Truong, vient également, ainsi que celui de Cha-Pou, qui est au pied du Dong-Ba-Rai.

Nous visitons, malgré la pluie, l'ancienne installation des Siamois. Elle est à 500 mètres du village, sur l'autre rive du Mien-Hiên.

Les Moïs n'ont jamais laissé les Laotiens agents du Siam s'installer dans leurs villages. C'est un mauvais abri pour une quinzaine d'hommes. Il est abandonné et délabré, et il commandait à un coude de la rivière la route de Ta-Bang, qui est très bonne. Ce campement a été emporté quelques jours après par la crue des eaux.

Il faut un jour pour atteindre Ta-Bang. Un poste franco-annamite fut établi sur un plateau déboisé, à l'abri de l'inondation, sur la rive droite du Miên-Hiên, avec vue d'un côté sur la route et la vallée de Ta-Bang, en face d'un double pic, le Dong-Ba-Rai, très reconnaissable, et, d'autre part, sur la route de Cam-Lô, par Da-Dung, à l'est. C'est à 300 mètres du village. En présence des chefs Moïs, le pavillon est salué d'une sonnerie et d'une salve de vingt-cinq fusils, qu'on entendait à Ta-Bang à cause de l'extraordinaire écho des montagnes bordant la vallée. Ce poste fut supprimé après l'évacuation siamoise.

La Miên-Hiên. — Nous partons le 3 septembre pour Trac et Mang-Truong. Nous passons trois fois la Miên-Hiên gonflée par les pluies.

Les deux premiers passages sont torrentueux et dangereux pour le convoi. De nombreux Moïs m'accompagnent. Deux d'entre eux et le guide Khoan traversent, à l'aide de perches, la rivière, large de 30 mètres, et je leur fais établir un va et vient avec de fortes lianes. Le chef Loï nous rejoint avec sept éléphants et nous conduira à Lang-Sén. Dans la forêt de bambous femelles, qui semble impénétrable, s'ouvre un sentier qui longe le torrent ou en suit le cours.

Défilé de rochers. — Nous faisons l'ascension de la montagne Trac par un sentier de glaise vaseuse très pénible et, à dix heures, nous descendons au village de Ta-Vong, comprenant six familles. Nous traversons des défilés formés de hautes murailles de roches noires, sous la grande futaie, où le soleil n'a jamais pénétré. C'est un passage très accidenté, où les roches pointues retardent la marche et où l'on peut craindre les embuscades d'un ennemi ou des fauves. En sortant de ce sombre et étroit couloir il faut gravir un contrefort à pic, taillé en escalier tortueux. Les éléphants y grimpent comme sur une échelle en s'aidant de la trompe. Les cornacs les excitent de leurs cris et de leurs crocs.

Les sifflements du vent, le bruissement de la pluie, le

craquement des branches brisées par les éléphants, leurs barètements sourds et les cris des cornacs m'empêchaient d'entendre un garde civil qui était tombé pris par la fièvre. Je fais décharger les éléphants et j'y place le milicien, les couvertures et les sacs de cartouches des hommes. Les Moïs servent de porteurs pour le reste. Sur nos trente coolies annamites, dix-huit ont fui malgré la surveillance et bien qu'ils soient maintenant nourris avec du riz.

Le passage est étroit, et les cornacs frappent de leur croc les arbres entre lesquels le bât des éléphants doit passer à un centimètre près sans toucher. Les fourmis rouges et les sangsues d'arbres tombent des branches secouées. Le froid humide nous saisit. Nous sortons enfin de ces rochers aux arêtes pointues et, à midi, nous entrons sous une voûte de roseaux ayant deux fois la hauteur des éléphants.

A la descente, nous retrouvons des rochers aux arêtes aiguës, puis un terrain vaseux et une percée dans une forêt de bananiers sauvages de 10 mètres de haut, si serrés que les troncs en sont noirs et pourris.

Trac. — Nous trouvons le village de Trac abandonné parce que le tigre avait enlevé un habitant. Les Moïs refusent de détruire ce fauve parce que ses mânes se vengeraient, disent-ils, de ceux qui l'auraient tué.

Nous passons le ruisseau de Trac ; il reste trois maisons de ce village entre les deux gués. Nous entrons alors dans des espaces déboisés autrefois cultivés et maintenant abandonnés, selon l'usage des Moïs, qui ne font qu'une ou deux récoltes au même lieu.

Nous franchissons deux fois la rivière de Ta-Rung, qui a 10 mètres de large, et nous passons au beau hameau de ce nom, qui dépend de Man-Truong et qui est peuplé de quatre familles.

Man-Truong. — La halte de nuit a lieu à Man-Truong, beau village dont le chef se nomme Dô. Il dépend, comme Axoc, et un peu malgré lui, du tong de Tam-Linh. Des gens du canton de La-Miêt (Lam-Bui), du village de Lang-Trê (canton de Lang-Sên) et de Lang-Hô sont venus demeurer à Mang-Truong, où ils se sont mariés, et rester, selon l'usage, chez leurs beaux-parents jusqu'à la naissance de leur premier enfant.

Ce village est en voie de développement. Il possède vingt buffles, quinze cases, mais pas d'éléphants. Il y a, paraît-il, quelques rhinocéros entre Trac et Man-Truong; mais nous n'avons aperçu aucune trace. Le temps est si mauvais que les animaux (singes, cerfs, sangliers, etc.) ne sortent pas de leurs repaires.

Nous repartons le 4 et nous passons le Khê-Ta-Rung, puis deux fois la rivière du Man-Trung. Une ascension et une descente pénibles durent une heure et demie. Les éléphants avancent tantôt à genoux, tantôt en glissant dans des ornières de vase.

La Sê-Mu. Xa-Dôn. — Nous longeons ensuite d'importantes cultures et nous suivons la vallée de la Sê-Mu, la plus grande rivière de la région, qui reçoit la Tchépone et la Khê-Seri. Nous la franchissons deux fois avant d'atteindre le hameau de Xa-Dôn, dont le chef se nomme Cha-Vang. Ce village se compose de dix familles, de dix buffles et un éléphant. Il est situé sur les bords de la Sê-Mu, qui a quarante mètres de large et une grande profondeur. Elle se divise en deux bras devant Lang-Hô.

Lang-Hô, Le Mot Gam. — Malgré la pluie, le vieux photong Gam de Lang-Hô vient au-devant de moi avec le maire (Xâ) du village. Gam est en turban noir et robe de cour en satin prune à dessins ronds brochés. Elle est percée aux coudes, mais c'est une relique qu'on ne raccommode pas; c'est un don qu'a fait à son grand-père le roi du ciel Thiêu-Tri, qui lui a remis un brevet renouvelé il y a dix ans.

Ce village comprend quinze familles. Il possède quinze buffles et dix éléphants. Il est du canton de Lam-Thinh. Tous ces chefs parlent l'annamite, sont pliés aux formes annamites et ne connaissent qu'un centre administratif et commercial depuis plusieurs générations : c'est Cam-Lô.

Ce phô-tong avait fait, en mars dernier, une case sur pilotis pour les fonctionnaires français ou annamites de passage. Trois Laotiens-Siamois sont venus en juillet et l'ont abattue. Il en a fait une autre.

Chûtes et cascades. — Nous passons trois fois la Sê-Mu au-dessus des rapides. Un hameau de Lang-Hô, comprenant sept cases, est établi sur ses bords. La rivière sort de gorges profondes. Le quatrième passage a lieu sur d'immenses blocs de rochers entre lesquels l'eau se déverse en violents tourbillons. Puis nous franchissons deux branches, dont l'une à droite forme un large rapide et l'autre à gauche une belle cascade qui s'engouffre dans un étroit couloir, entre deux murailles de rochers. Les deux cascades se rejoignent et projettent sur les roches l'écume de leurs eaux soulevées, avec un bruit de tonnerre ; c'est un site à la fois sauvage et pittoresque.

Devant le rapide bouillonnant que nous avons à traverser, les éléphants se dérobent et grondent. Il faut les ramener avec le croc, les exciter. Si les amarres en rotin des bâts cassaient, nous serions jetés dans les précipices et engloutis. Nos bêtes ont de l'eau jusque sur le dos. Ce rapide a 60 mètres de large, il coule de l'est à l'ouest, puis au sud, puis à l'ouest. Nos porteurs sont munis de rotins et de bambous.

Nous pénétrons dans une belle vallée entourée de montagnes boisées avec des défrichements. Cette descente est longue et à pic et l'on est horriblement secoué. On suit le lit d'un ruisseau qui conduit au village de Tu-Hué, composé de seize familles. Une autre moutée et une descente se font sous une brousse épaisse. Du haut de la crête, on domine une autre vallée très encaissée, au fond de laquelle est Lang-Sên.

La Sê-Mu, large de 60 mètres, forme deux branches. L'une est barrée naturellement par des rochers; devant l'autre, les Moïs ont amoncelé une barrière de grosses pierres maintenues par des liens, de façon à retenir le poisson en deçà de la chute d'eau, dans un bassin artificiel formé par un coude brusque de la rivière.

Lang-Sên. — Lang-Sên est un important chef-lieu de canton, dont le vieux chef nommé Khê est très bien disposé et très serviable. Il paie de sa personne et a rendu des services aux Français qui ont déjà passé par son village. Il me dit qu'il est content de mettre son village, ses hommes, ses éléphants à ma disposition, et qu'il ne demande aucune rétribution; qu'il désire que nous soyons contents de lui.

Les sauvages. — On a désigné les Moïs sous le nom de « sauvages ». Les Da-Vach du Nam-Ngai sont en effet des gens farouches, et pour cause; mais il n'en est pas de même dans cette région.

Si l'on entend par « sauvages » des hommes à peu près nus, tous les Moïs méritent cette dénomination; mais les Pou-Euns, les Tièms sont vêtus. J'en ai vu avec des vestons blancs européens. Contrairement aux constatations faites par M. de Lagrée en 1867, M. Harmand n'a rencontré dans cette région (en 1877-1878) que de « vrais sauvages » sans trafic, sans relations avec les Annamites, sans communications avec l'Annam; il me semble avoir été trompé à dessein. Pourquoi le gouvernement annamite aurait-il fait percer deux routes si elles ne pouvaient servir à aucun commerce ni à aucune relation? Le messager de l'explorateur parvint auprès de l'évêque français de Xa-Doai, près de Vinh, mais fut assassiné au retour, probablement par ordre du commissaire siamois de Ou-Bon. Comme le rappelle M. de Lanessan[1], M. Harmand fut égaré, le vide se fit devant lui, les sentiers furent obstrués; on

[1] *Expansion*, 479 et 500. Peuplades, frontières.

lui cacha les routes, le trafic, et on le laissa en présence de Moïs et de Pou-Thays muets de peur.

Les Pou-Thays sont une branche des Laotiens. Les *Moïs* sont les *Khas* ou Sas, et les habitants des chaus ou muongs sont des *Pou-Euns*, qui ne se distinguent de ceux du Trân-Ninh qu'en ce qu'ils se nomment *Tiém*. Les Annamites appellent ces peuplades les *Thos*. Quant aux Moïs sauvages, ils occupent les sources du Sé-Don (Saravane), du Sé-Cong (Attopeu) et celles du Bla, c'est-à-dire l'ouest des provinces de Tourane, Quang-Ngai et Binh-Dinh.

Ainsi, l'on ne peut plus actuellement faire état des données économiques recueillies il y a 17 ans dans ces parages, où M. Harmand éprouva mille difficultés dans son intrépide exploration, qu'il réussit à mener à bonne fin, malgré Siamois et Annamites.

Productions et objets d'échange. — Le développement de notre action matérielle et morale dans la région prouvera qu'il y a toujours eu, jusqu'en 1886, des échanges, des relations sociales, commerciales, administratives, entre la rive gauche du grand fleuve et l'Annam ; entre le phu de Cam-Lô et sa frontière riveraine du Mékong, reliée par des fortins à ce centre administratif et commercial. Concevrait-on que les Tiêms et les Moïs vinssent nous réclamer aujourd'hui le rétablissement de relations qui n'auraient pas existé ou qui leur auraient répugné? Quant aux produits, en voici la liste sommaire : nêp, riz blanc, maïs, cardamome, fruits, gomme, résine, torches, cire, miel, dépouilles de buffle, cerf, bœuf, éléphant ; écorces, rotins, bétel, teinture, cunau, vo-man, arec, porcs, buffles, volailles, bœufs, œufs, ramie, coton, murier, soie, étoffes, vannerie, bambous, bois d'essence, huile, mangues, oranges, etc. On échange ces produits contre du sel, du poisson salé, du nuoc-nam, des marmites en cuivre, des ustensiles en fer, des nattes, des étoffes, des couteaux, boutons, etc., etc.

La culture du tabac ne réussit pas ; l'humus étant trop

riche, les feuilles se pourrissent avant maturité. La canne à sucre est cultivée dans les jardins.

Tabac, bétel et opium. — Le tabac, le bétel et l'opium font l'objet d'une consommation de plus en plus active. Est-ce un bien ? Est-ce un mal ? Dans les longues marches, l'arec et le bétel qui activent la salivation sont un réel besoin. La grosse cigarette roulée dans une feuille de tabac ou dans un morceau de feuille de bananier, ou la pipe, qui est d'ailleurs à petit fourneau, trompent la faim. L'opium endort les organes digestifs et calme les douleurs. Pris à petite dose, les indigènes, les Laotiens, les Annamites le considèrent comme salutaire. Aussi le meilleur client de la ferme d'opium au Quang-Tri est le débitant de Cam-Lô. C'est un vieux Chinois, marchand de thé, pharmacien, banquier, le seul heureusement qui soit établi à Cam-Lô.

Les Tiêms, comme les Moïs, ne boivent que l'eau de leurs rivières et connaissent à peine le thé. Il y a dans tous les jardins de la citronnelle (cô-sâ, andropogon shœnanthæus). Tous les malades ont été mis au régime de citronnelle chaude avec du jus de canne et un peu d'eau-de-vie de riz ou de menthe poivrée qui pousse partout. C'est devenu depuis mon passage dans la région la panacée et le remède universel et économique pour femmes et pour hommes de toute race et de tout âge. Si le remède ne les guérit pas, du moins il est inoffensif.

Le Tong Loi d'Axoc nous quitte à Lang-Sên, en s'assurant que nous y avions un relai de sept éléphants et en nous disant qu'il a besoin d'être à Axoc. Il nous remet aux soins de Khê et repart la nuit avec son monde et ses pachydermes.

Quant au Lai-Buôn (trafiquant annamite patenté), que le Quan-Phu avait envoyé avec les coolies, il s'était éclipsé à Man-Truông et son rôle d'intermédiaire a été inutile.

Le guide Khoan. — L'ancien pho-quan Bao-Khoan, qui est notre guide, a toujours été vaillant et fidèle. Depuis douze ans, il parcourt ces régions. Sa pipe d'opium le préserve, dit-il, des fièvres. Il connaît tous les chemins, tous les gués et tous les chefs. Ses qualités lui feront pardonner un passé aussi étrange que déplorable.

Il était pho-quan Baô (sous-chef) d'Ai-Laô et entre temps il faisait avec les Tiêms et les Laotiens le commerce comme lai-buôn. Il avise un jour au maché de Cam-Lô un Annamite de 23 ans et lui demande s'il veut l'accompagner chez les Moïs et les Tiêms pour y faire le commerce. Le jeune homme le suit, ne se doutant pas qu'il serait lui-même la principale marchandise. Khoan le vend pour *3 nén* (45 piatres), environ 150 fr., à des Laotiens qui l'emmènent ; mais les parents du jeune homme, ne le voyant pas revenir, se doutent du trafic dont il a été l'objet et portent leurs réclamations devant le préfet (quan-phu). Khoan avoue et, selon l'habitude des lai-buôn (trafiquants), s'engage à aller rechercher l'esclave. Comme il avait dépensé en opium les lingots d'argent et qu'il ne pouvait se procurer cette somme, il offre d'emmener son fils avec lui, un garçon de 21 ans, bien fait, et de l'échanger contre celui qu'il a vendu. Il part et retrouve son acheteur ; mais celui-ci a revendu son esclave *4 nén* à un autre maître, que Khoan parvient à retrouver. Ce dernier acheteur l'avait cédé avec bénéfice à un Laotien de la rive droite. Passer le fleuve, il n'y fallait pas songer. Le père et le fils reviennent à Cam-Lô et le père se constitue prisonnier.

C'est à la prison que le quan-phu le fit prendre pour me le donner comme guide. Il partit avec son fils, qui le suivit constamment portant en balance sur l'épaule deux jarres contenant la provision de riz et de poisson pour leur voyage. Le père conservait en bandoulière sa provision d'arec, d'opium, ses ustensiles et sa pipe. C'est un homme de haute taille, maigre, aux yeux creux, intelligents, la figure énergique, connaissant les hommes et les choses, les sentiers et les villages, discipliné, payant de sa personne dans les moments difficiles, agissant sans bruit. Il est revenu avec son fils qui ne l'a pas quitté un moment. C'est un exemple de la puissance paternelle en Annam, de la passion de l'opium, de l'astuce annamite et de l'endurance personnelle à la fatigue, qui rend ce guide fort précieux pour ceux qui ont à l'employer. Il pourra par ses services racheter et expier sa faute.

Tentative d'intrusion des Siamois. — Vers le 11 mars dernier, une trentaine de Siamois et Laotiens sont venus à Lang-Sên pendant que quelques autres allaient à Man-Truong. Cette troupe se rendait à Adoa où elle a laissé vingt hommes pendant un mois. Le Tong-Khê et le Xa-Mon ont refusé de suivre les Siamois, de les laisser pénétrer à Lang-Sên et de leur livrer comme impôt les buffles qu'ils réclamaient. Il y a eu discussions et menaces pendant un jour. Les Siamois, redoutant les Moïs, sont allés s'installer à quatre kilomètres de ce village et peu après se sont retirés. Ils ont reparu en 1893 et, au moment de leur expulsion définitive, en mai, ils ont brûlé le village.

Lang-Sên compte vingt-cinq familles et plusieurs hameaux, une trentaine de buffles, six éléphants, ce qui, à 15 nên en moyenne, représente 1.350 piastres, ou 4.400 fr.

Femmes Tiém et Moïs. — Il y a peu de femmes dans les villages moïs. Le nombre des hommes est bien supérieur. Les alliances sont difficiles et l'on me citait des jeunes gens moïs de 20 ans épousant des veuves âgées ou une concubine de leur père, après décès de celui-ci.

On sait que les chefs seuls ont le droit d'avoir plusieurs femmes. Il est curieux de rappeler ici l'un des préceptes publiés dans le royaume dès le xve siècle par le roi Lê-Hien-Tong (1498 : « Les mandarins administrant les tribus « récemment annexées (Moïs, Kiams, Thos, Pou-Euns, etc.), « devront leur inculquer les vrais principes inspirés par « le ciel en leur défendant d'épouser les femmes et les « concubines de leurs parents défunts[1]. » Il faut croire que depuis lors cet état de choses a subsisté dans les tribus.

[1] *Truong-Vinh-Ky* (hist. annamite), II, p. 34.

Les femmes tiêm dans leur village, sont vêtues d'un pagne de couleur, mais ne se couvrent pas la poitrine. Elles portent des bagues, des bracelets, des boucles d'oreilles à miroir, des colliers de perles et fument une petite pipe à fourneau en cuivre. Quand elles sortent du village, elles mettent un petit veston boutonné sur le devant. Leurs cheveux sont enroulés en chignon sur le haut ou le côté de la tête et maintenus par une étoffe de couleur vive.

Lang-Sên est au fond d'une cuvette dans laquelle s'entassent tous les détritus de la forêt circulaire qui l'entoure, et ceux des habitants qui déversent toutes les saletés sous le treillis de leurs cases où grouillent les animaux. Les buffles se vautrent à côté. Il pleut souvent dans cet entonnoir. L'odeur de pourriture végétale et animale est suffocante. C'est une intoxication paludéenne, auxiliaire de la fièvre des bois. De la broussaille épaisse qui a poussé sur les défrichements abandonnés montent, sous les ardeurs du soleil ou dans les brouillards du matin, des exhalaisons plus fortes, plus chaudes et plus nauséabondes que dans les fourrés boisés où le sol n'a jamais été remué et où les rayons du soleil ne pénètrent que tamisés par le feuillage des grands arbres.

Arbres géants. — Parmi ces géants des forêts, la lutte pour la vie est la même que dans le règne animal. Non seulement les plantes les plus robustes s'élancent d'un seul jet pour conquérir une place à l'air et à la lumière, mais les banians enlacent comme des serpents de mille replis inextricables de grands arbres dont ils épuisent la sève et qu'ils étouffent. On rencontre à chaque pas des banians formant une sorte de filet cylindrique aux larges mailles aplaties et lisses, entre lesquelles l'arbre enlacé a été réduit en pourriture. A l'étreinte des fortes lianes qui entourent leur tronc, entrent dans l'aubier et s'y implantent comme un pas de vis ou une hélice, les arbres résistent, mais aux enlacements du banian, jamais. Le tronc droit des arbres est une proie sans défense ; le banian est, comme la *pieuvre*, armé de tentacules multiples qui s'appliquent depuis le sol jusqu'à la cime sur l'écorce, sur la peau du voisin dont il vit d'abord et qu'il détruit ensuite. Dans la forêt, comme dans l'humanité, les parasites pullulent.

Les émanations des plantes, et surtout des grandes herbes, sortant et vivant d'un humus en putréfaction, semblent également interdire à l'homme l'exploitation du domaine végétal. La plante se défend tout en se décomposant et, si les géants des forêts tombent par milliers par le fer et le feu, bien des existences humaines sont compromises avant que l'homme sorte victorieux de la lutte contre le végétal.

Il y a deux routes de Lang-Sên à Bao-Lao : l'une plus courte et plus difficile par Lang-Poun et Phat-Lac ; l'autre plus longue et plus facile par Lang-Con. Nous prenons cette dernière à cause de la crue de la Sê-Mu dont le passage a été reconnu infranchissable, malgré un va-et-vient en rotin, à cause des pluies torrentielles qui ne cessent ni jour ni nuit.

La matinée se passe à réunir les éléphants. Départ de Lang-Sên le 5 septembre à midi. Nous n'avons plus avec nous que douze coolies annamites et deux miliciens provinciaux de Cam-Lô.

Porteurs moïs. — Le Tong-Khê nous donne trente porteurs moïs et nous accompagne jusqu'à Lao-Bao avec ses gens.

Ces Moïs sont nus sous la pluie, mais une feuille de latanier leur sert de parapluie, s'ouvrant, se ployant, se fermant à volonté. Ils portent leur nourriture dans une boîte cylindrique suspendue à l'épaule et leurs fardeaux dans des hottes sur le dos avec des bretelles en rotin. Les jeunes gens roulent en chignon leurs cheveux longs par coquetterie à la mode annamite. Tous ont des boucles d'oreilles et les élégants ont des colliers de perles.

Au sortir de Lang-Sên, nous gravissons un contrefort de

glaise où il faut exciter les éléphants. Le sentier est très pénible. Les bêtes fatiguées se reposent sur trois jambes, ce qui fait incliner fortement le bât à droite, à gauche, en avant et en arrière. On est secoué comme dans un panier à salade.

Le Khê-Seri. — Deux heures après nous sommes descendus sur les bords de la Khê-Seri, qui a quarante mètres de large au hameau de Lang-Krui, dépendant de Lang-Sên. Nous suivons la rive droite de la rivière qui charrie des arbres entiers. Ses rapides forment une chute de vingt mètres de large. Nous la passons par un mètre d'eau. Nous trouvons là les quatre abris construits par Lang-Sên pour les Français et Annamites allant de Cam-Lô ou de Bao-Lao à Axoc par Lang-Sên. La route devient bonne. Elle s'élargit, s'aplatit et nous mène à trois heures aux sources du Khê-Krén qui forment sur notre gauche une jolie chute et de bruyants rapides sur un lit de rochers.

Nous longeons la rive gauche de cette rivière dont la largeur est de quarante mètres en ce moment. Deux clairières de roches plates tapissées de gazon offrent de beaux endroits pour camper; c'est une succession de rapides et de chutes écumantes.

Nous passons le Khê-sa-Tê, affluent du Nam-Krên qui se jette dans la Sê-mu, et nous gagnons l'ancien poste siamois d'Adoa, composé de cinq abris en ruine, entourés d'une palissade de bambous. Ces abris sont à la limite qui sépare le territoire de Lang-Sên de celui d'Adoa et aux sources du Nam-Kiêm, sur la rive gauche et à 1.500 mètres environ de Adoa. Les Moïs nomment Lông-Kê le ruisseau qui y passe et dont nous traversons les deux branches par un mètre de fond et trente mètres de large.

Nous croisons le chemin qui mène à Lang-Ken; une montée et une descente abruptes, très mauvaises sous la pluie, nous conduisent à un ruisseau de trois mètres de large que nous traversons. Après un contrefort assez raide, nous trouvons sur les bords d'un ruisseau de deux mètres de large sur un mètre de fond, deux abris construits par les gens d'Adoa pour les Français et Annamites de passage. Ils sont en ruines. Le village va les reconstruire.

Bonne route, dite mandarine. — Nous arrivons à Adoa. A partir du Khê-Seri nous avions suivi une section de la route faite par ordre du roi Tu-Duc, il y a plus de trente ans, et allant de Cam-Lô par Adoa et Lang-Sên au châu de Xuong-Thanh et au Mékong. Elle a de deux à quatre mètres de large. Deux éléphants peuvent toujours s'y croiser. Elle suit les crêtes ou les flancs des coteaux, à l'origine des vallées. Elle est presque plate et son tracé est remarquable. On a laissé les arbres qui la bordaient. Un tel travail prouve l'autorité de l'administration qui l'a fait exécuter et les Siamois ne sauraient s'en prévaloir. Ils ne peuvent nier que le gouvernement annamite n'ait ainsi fait acte de domination dans ce pays jusqu'au Mékong et par plusieurs voies : l'une de Cam-Lô par Bao-Lao et Na-Bon et l'autre par Adoa, Lang-Sên, Xuong-Thanh, rayonnant dans les 6 châus jusqu'au grand fleuve.

Après les accidents de terrains des sentiers que nous avons parcourus, on est agréablement surpris de retrouver ces sections de route, dite route mandarine. Il y a grand intérêt à la faire parcourir de Bao-Lao à Adoa et Lang-Sên en attendant qu'on puisse pousser jusqu'à Xuong-Thanh. On rechercherait s'il existe un bon embranchement de Lang-Sên à Man-Truong et Axoc. En fournissant des « coupe-coupe » aux Moïs, ils pourront la débroussailler là où les éléphants ramènent les branches et bambous et où des arbres sont tombés. On a fait quelques ponts en bambou qui pourrissent et c'est tout. Si cette route était reconnue en entier, les communications entre les châus, les postes et les villages du parcours, seraient rendues praticables.

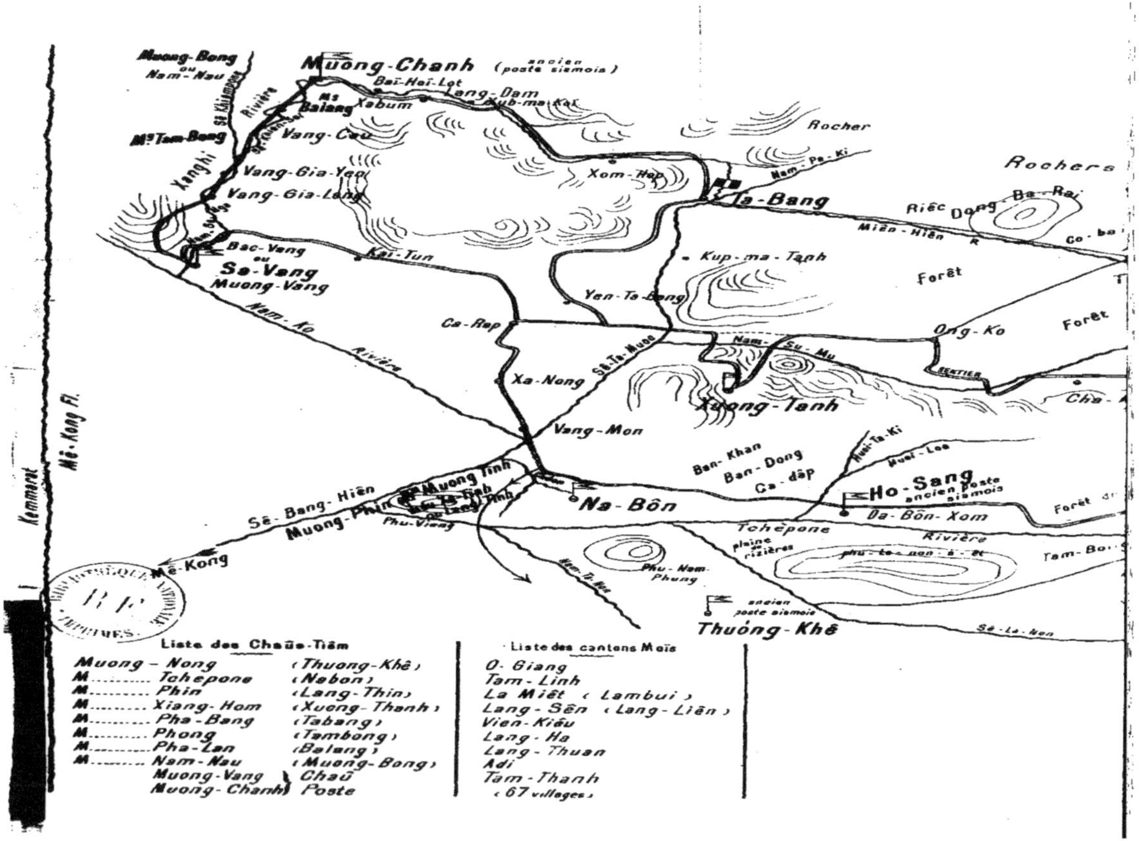
Muong-Chanh (ancien poste siamois)
Muong-Bong ou Nam-Nau
Mt Tam-Bong
Bai-Hai-Lot
Lang-Dam
Xabum
Ms Balang
Rivière
Vang-Cau
Xanghi
Vang-Gia-Yen
Vang-Gia-Lang
Rocher
Rochers
Nam-Pe-Ki
Xom-Hap
Ta-Bang
Riêc Dong-Ba-Rai
Miên-Hiên
Co-ba
Bac-Vang ou Se-Vang
Muong-Vang
Kai-Tun
Kup-ma-Tanh
Forêt
Yen-Ta-Bang
Ca-Rap
Ong-Ko
Nam-Ko
Rivière
Sê-Ta-Muoe
Nam-Su-Mu
Sentier
Xa-Nong
Xuong-Tanh
Cha
Mê-Kong Fl.
Kemmarat
Vang-Mon
Ban-Khan
Ban-Dong
Ca-dâp
Huoi-Ta-Ki
Huoi-Loe
Ho-Sang ancien poste siamois
Sê-Bang-Hiên
Muong Tinh
Na-Bôn
Da-Bôn-Xom
Forêt
Muong-Phin
Phu-Vieng
Tchepone
Rivière
plaine de rizières
Tam-Bo
Mê-Kong
Nam-Ta-Hoe
Phu-Nam-Phung
ancien poste siamois
Thuông-Khê
Sê-La-Non
Liste des Chaũ-Tiâm
Muong - Nong (Thuong-Khê)
M.......... Tchepone (Nabon)
M.......... Phin (Lang-Thin)
M.......... Xiang-Hom (Xuong-Thanh)
M.......... Pha-Bang (Tabang)
M.......... Phong (Tambong)
M.......... Pha-Lan (Balang)
M.......... Nam-Nau (Muong-Bong)
Muong-Vang } Chaũ
Muong-Chanh } Poste
Liste des cantons Mois
O. Giang
Tam-Linh
La Miêt (Lambui)
Lang-Sên (Lang-Liên)
Vien-Kiêu
Lang-Ha
Lang-Thuan
Adi
Tam-Thanh
(67 villages)

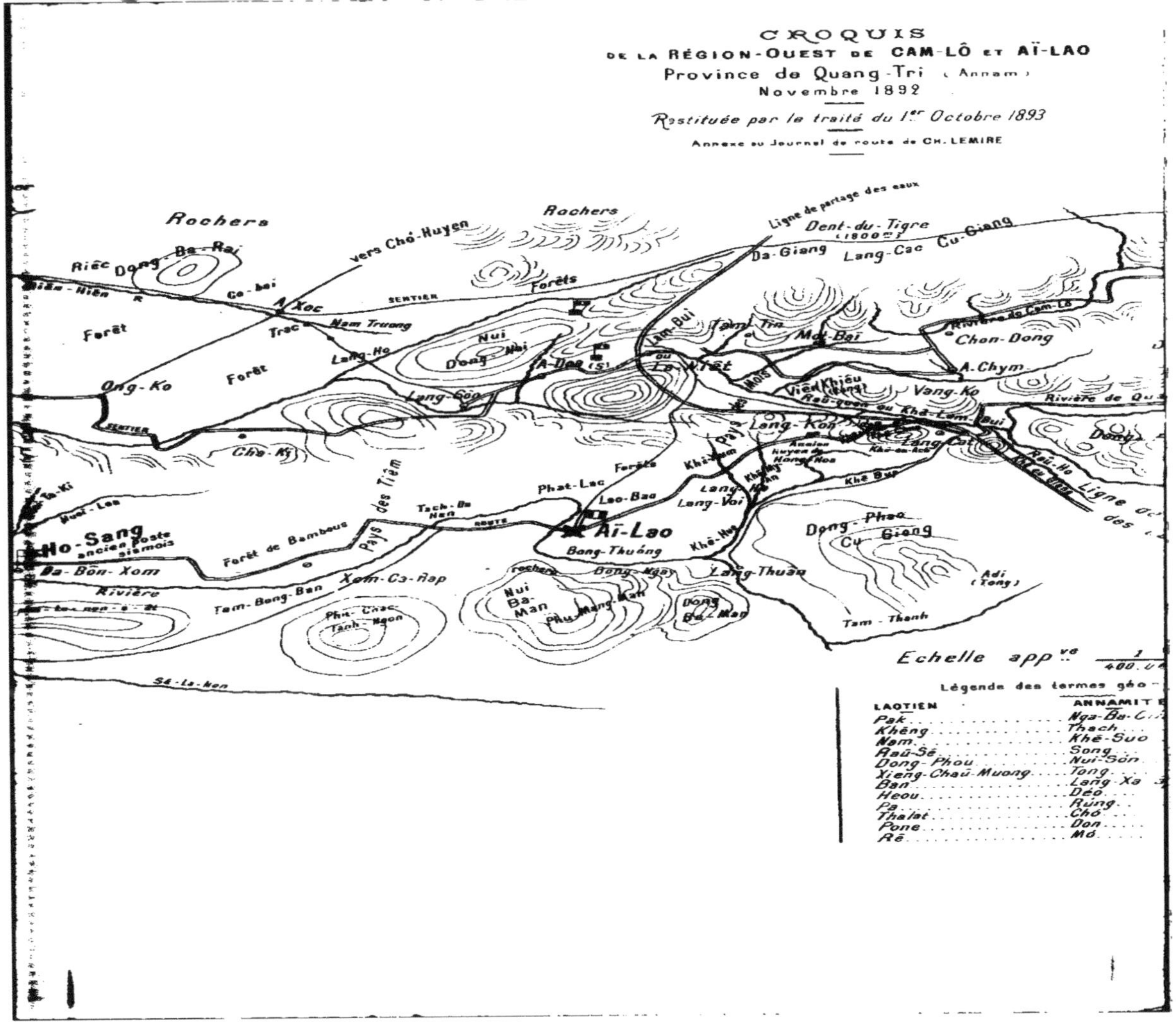
CROQUIS
DE LA RÉGION-OUEST DE CAM-LÔ ET AÏ-LAO
Province de Quang-Tri (Annam)
Novembre 1892
Restituée par le traité du 1er Octobre 1893
Annexe au Journal de route de CH. LEMIRE
Rochers
Ligne de partage des eaux
Dent-du-Tigre (1800m)
Da-Giang
Lang-Cac
Cu-Giang
vers Chô-Huyen
Forêts
Forêt
Ong-Ko
Nam Truong
Chon-Dong
A.Chym
Vang-Ko
Mai-Bai
Aï-Lao
Bang-Thuông
Lao-Bao
Phat-Lac
Lang-Voi
Ho-Sang
ancien poste siamois
Ba-Bôn-Xom
Rivière
Forêt de Bambous
Pays des Tiêm
Tam-Bong-Ban
Nui Ba-Man
Dong-Phao
Cu-Giang
Lang-Thuân
Tam-Thanh
Sê-La-Non
Echelle appve 1/400.0
Légende des termes géo-
LAOTIEN / ANNAMITE
Pak ... Nga-Ba-C
Khêng ... Thach
Nam ... Khê-Suo
Raû-Sê ... Song
Dong-Phou ... Nui-Son
Xieng-Chaû-Muong ... Tong
Ban ... Lang-Xa
Heou ... Déo
Pa ... Rûng
Thalat ... Chô
Pone ... Don
Rê ... Mô

CROQUIS
DE LA RÉGION-OUEST DE CAM-LÔ ET AÏ-LAO
Province de Quang-Tri (Annam)
Novembre 1892

Restituée par le traité du 1er Octobre 1893

Annexe au Journal de route de CH. LEMIRE

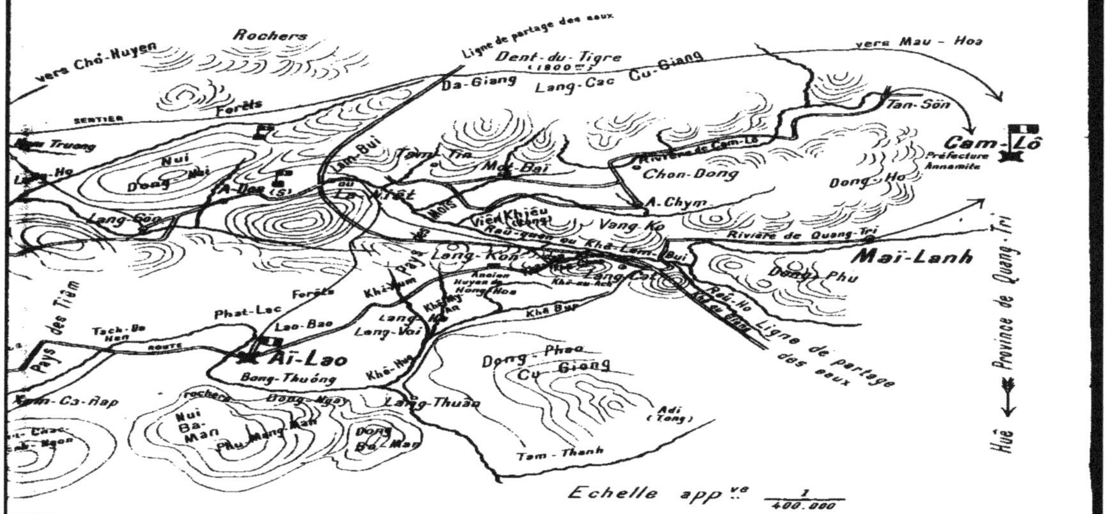

Echelle app.ve $\frac{1}{400.000}$

Légende des termes géographiques.

LAOTIEN	ANNAMITE	FRANÇAIS
Pak	Nga-Ba-Cúa	Confluent
Khêng	Thach	Rapide-Gué
Nam	Khê-Suoi	Ruisseau
Raû-Sê	Song	Rivière
Dong-Phou	Nui-Sôn	Montagne
Xieng-Chau-Muong	Tong	District
Ban	Lang-Xa-âp	Village
Heou	Déo	Défilé
Pa	Rúng	Forêt
Thalat	Chô	Marché
Pone	Don	Poste
Rê	Mô	Mine

Ces améliorations ont été réalisées depuis par ordre de l'administration supérieure française de Hué.

Quand le prince Ung-Lich (Ham-Nghi) et le régent Thuyêt actuellement internés le premier en Algérie et le second en Chine, ont quitté, en 1885, Ai-Lao et Bang-Phuong pour Na-Bon et Muong-Vang, avec quatre éléphants et une forte escorte, ils ont suivi la route de Tabang, A-Xoc et Thuy-Ba pour gagner, par Minh-Cam, les sources du Sông-Nay, où fut pris l'ex-roi fugitif.

A-Doa. — A-Doa compte quatorze familles, vingt buffles, quatre éléphants. Les habitants vont au marché de Cam-Lô en deux jours. Ceux de Lang-Sên passent par ce point pour y aller également en trois jours.

Le Xa-Gan de A-Doa a la tête rasée et l'aspect d'un Tiêm. Il me dit que c'est à la suite d'une maladie.

Bien que *Gan* n'ait pas de bang-cap (brevet), il se fait appeler *tong* comme tous les autres. Il avoue qu'il dépend du Tong de Lang-Sên, mais il revendique son autonomie.

Il me dit qu'autrefois A-Doa formait un canton; c'est son frère aîné qui a gardé le bang-cap remis à ses ancêtres. Il l'a emporté avec lui dans un autre village rattaché à A-Doa et situé sur la Sê-Mu. Il se nomme Xung, fils de Ong. Il est le chanh-tong (titulaire), tandis que Gan est pho-tong (sous-chef). Un autre village, celui de Lang-Mit, dépend aussi de A-Doa. Je propose à Gan de remplacer son père absent. Il me répond qu'il ne peut le faire sans le consentement des villages dépendant de A-Doa. Je l'informe que ces villages sont dans la circonscription du poste de Bao-Lao et il s'en déclare satisfait.

Les villages de Man-Ruong et de Lang-Sên m'ont paru plus beaux et plus importants que A-Xoc, mais ils me semblent très malsains. A-Doa est le mieux situé et le plus salubre.

Retour dans le bassin annamite. — Les sources du Khê-Lam-Bui, qui se jette au-dessous de Mai-Lanh sous le nom de Râu-Quan, se réunissent à A-Doa.

Nous sommes donc retombés dans le bassin annamite, sur la rivière de Quang-Tri, sans avoir repassé la ligne de faîte.

Il est curieux d'embrasser la configuration de cette région qui, de Cam-Lô à A-Xoc au nord et à Bao-Lao au sud, a la forme d'un triangle sphérique dont Cam-Lô occuperait la pointe, A-Doa étant au sommet de la convexité. On franchit une chaîne entre Cam-Lô et Bao-Lao, une autre entre Cam-Lô et A-Xoc. La troisième, celle du milieu, est peu élevée et très étroite. Les sources de la Sê-Mu (versant du Mékong) et celles du Khê-Lam-Bui (versant annamite) se touchent et, en contournant les contreforts d'où sortent ces rivières, on se trouve, presque sans transition, dans l'un ou l'autre bassin. Mais il faut reconnaître que les grands massifs se trouvent du côté de l'Annam et que les grandes vallées s'ouvrent, s'élargissent et se prolongent du côté du Mékong. Aussi est-il difficile à vivre au pays des Moïs tandis que le pays des Tiêm est facile à cultiver et d'une grande richesse de production et de pâturages. Les mûriers, la ramie, les cotonniers sont de qualités bien supérieures à ceux de l'Annam. Il produit à la fois le riz de montagne et de plaine. Les buffles sont très forts et les bœufs très nombreux.

Nous repartons d'A-Doa le 6.

Khê-Lam-Bui. — Nous traversons le Khê-Lam-Bui qui se jette à Vung-Kho près le Khê-Khên qui passe à La-Miet (Lam-Bui) et va au Mékong par la Sê-Mu. Le Khên a 5 mètres de large.

Nous gagnons Pou-Luan, hameau de La-Miêt. Des bambous sont placés sur les passages vaseux. Nous traversons un ruisseau de trois mètres de large, puis un ravin, et les éléphants coupent à travers les fourrés de bambous. Le sentier devient accidenté et en une heure nous passons cinq ravins. Nous retrouvons plantés entre Lang-Sên et La-Miêt (Lam-Bui), aux sources du Rau-Quan (versant annamite), deux poteaux-frontières sous un abri. En présence de tous les Moïs, les annamites les abattent. L'inscription siamoise qui avait été placée sur les poteaux est tombée en pourriture.

Les éléphants glissent et tombent en grondant sur la pente escarpée d'un ravin détrempé par les pluies. Nous passons un torrent qui coule sous un énorme banian et nous faisons halte sur les bords de la Khê-Noi pour déjeûner sans descendre de nos montures. La Khê-Noi arrose le village de Cha-Kam, composé de sept familles dépendant de La-Miêt. Nous longeons la rive droite du Nam-La-Miêt qui a 70 mètres de large en cet endroit et qui est coupé de rapides.

Disons de suite que La-Miêt est la désignation annamite du canton, de la région et de la rivière que les Moïs nomment Lam-Bui.

J'aperçois par une coupée, sur la rive gauche, 11 coolies annamites guidés par un doi (sergent) de miliciens provinciaux annamites, qui portent des vivres à A-Xoc. Ils essaient en vain de franchir la rivière. Je tente inutilement de leur envoyer deux éléphants qui ne veulent pas se détacher de l'éléphant de tête. La pluie est telle qu'après avoir perdu une heure et craignant la nuit, je fais dire à deux Moïs de l'autre rive de les renseigner et de les conduire à Tan-Binh, hameau voisin où ils trouveront des abris et du renfort pour passer le lendemain le cours d'eau plus haut.

Nous repartons par Cha-Môn, hameau abandonné du Tong-La-Miêt. Nous franchissons un affluent de droite du Nam-La-Miêt qui déborde. Il se jette à Mai-Lanh et prend à Chamon le nom de Rau-Quan.

La Miêt (ou Lam-Bui.) — Nous sommes à La-Miêt à la nuit tombante. Le Chanh-Tong-Khoi est parti depuis de longues années sur les cultures qu'il a entreprises dans le Chau-Tiêm de Xuong-Thanh. Il y a emmené sa famille. Il revient deux ou trois fois par an pour régler les affaires du canton de La-Miêt. Le fait de ces étroites relations entre les deux régions Moïs et Tièm sur les deux versants est à retenir. Khoi a emporté son bang-cap annamite. Je propose à son remplaçant, Cha-Ly, de le faire nommer pho-tong; mais il désire auparavant consulter les quatre villages qui s'y rattachent et surtout le Tong-Khoi. Il faut deux jours aux Moïs pour aller de La-Miêt à Xuong-Thanh par Lang-Sên.

La-Miêt comprend vingt familles et possède trente buffles et trois éléphants. Les Siamois n'y sont pas venus, mais ils ont envoyé, il y a deux ans, une reconnaissance de Laotiens et de Tièm jusqu'à Moc-Bai, en plein territoire annamite, route de Tam-Sôn à Cam-Lô.

Les cornacs. — Nous partons de Lam-Bui au petit jour. J'avais la veille un cornac énergique, mais sa peau nue était couverte de gale, d'herpès et de poux. Dans les secousses, il se frottait à moi, mes genoux lui grattaient le dos et il lançait autour de moi les parasites en secouant ses deux vêtements ou en grattant à dix doigts sa chevelure épaisse, qu'il dénouait et rejetait en arrière. Bien qu'incommodé lui-même, il ne pouvait comprendre ma répugnance. J'en pris un autre, un beau garçon portant aux oreilles de longues baguettes d'argent ornées de perles, ce qui devait bien le gêner pour dormir. Nous avions eu à subir les sangsues, les punaises, les fourmis rouges, les cent-pieds, je ne tenais pas à rapporter une collection zoologique et pire encore.

Un hameau de 7 cases du canton de La-Miêt que nous rencontrons à 9 h. 1/2 est abandonné. Il est sur un affluent du Rau-Quan de 3 mètres de large et un mètre de fond. Un second est bordé par un autre hameau de 10 cases entourées d'arbres à fruits, jacquiers, orangers, citronniers, tamariniers, pamplemoussiers, papayers, manguiers, bananiers, goyaviers, et on traverse ce ruisseau huit fois de suite. Bientôt le chemin s'élève d'abord à flanc de coteaux longeant des cultures de nêp, maïs, millet, taros, manioc.

Puis, on suit le lit du cours d'eau pendant une demi-heure, ce qui faisait dire à mon prédécesseur qu' « après les chemins de singes venaient les chemins de poissons ».

La route redevient bonne. De beaux plateaux parsemés de carrés d'un vert tendre, ayant déjà été cultivés en grande partie, offrent de gras pâturages aux éleveurs de bétail et le bois est à pied d'œuvre pour les barrières.

Viên-Kieū. — Nous entrons à midi dans le canton de Viên-Kieū et laissons à droite le hameau de Cu-Lang, dont le chef est le Xa-Rum. Il est abandonné depuis un an à cause de la variole. Xom-Wat vient ensuite et comprend dix belles cases. Au bas d'un champ de riz, un pont de bambous est jeté sur un ravin. Une immense vallée s'ouvre et s'étend à l'ouest.

Épidémies. — Le village de Viên-Kieū que nous traversons vient d'être abandonné par suite du décès d'un seul homme par l'influenza. Ce site, qui se nomme Chua-Lang, est très joli. C'est un parc d'arbres fruitiers chargés de fruits. Les porcs et les volailles errent sous les cases. De petits groupes d'hommes ou de femmes viennent déménager leurs provisions et enlever leurs animaux. Les fruits sont laissés sur place.

Quand un Moï est très malade et qu'on le croit en danger de mort, on place auprès de lui du riz cuit, de l'eau, du feu, et on évacue le village. Les hommes viennent de temps en temps voir s'il est mort ou guéri et, dans le premier cas, ils l'enterrent. On dresse sur la tombe une case minuscule en bambous, avec plate-forme, dépendances, barrières, et on met auprès quelques bambous, les Moïs ne pensant pas que dans l'autre vie on puisse se passer de cet indispensable végétal. Puis, on reconstruit un autre village. Pour eux, le temps n'est rien et la forêt fournit les matériaux.

Le Chanh-Tong (chef de canton) est allé habiter un village voisin, mais je n'ai pu me détourner de ma route pour aller le rejoindre. Le Nam-Trân est franchi par 15 mètres de large. Il se jette dans la Tchépone, près de Bao-Lao. Nous voilà, sans changer d'altitude et en contournant les massifs, revenus dans le bassin du Mékong.

Bassin du Mékong. — Nous longeons la rive gauche du Nam-Trân que nous traversons par 10 mètres de large trois fois de suite. Nous rencontrons le village abandonné de Xom-Don, composé de 10 cases dépendant de Viên-Kiêu et nous rejoignons la route de Maï-Lanh à Bao-Lao entre Lang-Cat et Lang-Con que nous avons à notre gauche.

Lang-Voi. — La halte a lieu à Lang-Voi à une demi-heure sur la gauche de la route. Nous sommes dans le canton de Lang-Huân dont le pho-tong Phiên demeure à Lang-Con. Lang-Voi se rattache à ce village et comprend 12 cases sur les bords du Khê-Huc.

Le Khê-Huc. — Il coule avec fracas sur des escaliers de rochers de 60 mètres de large. Les pluies continuent à gonfler les rapides qui ont plus de 100 mètres de large.

Le tong de Lang-Thuan est le nommé Thuong. Les défrichements sont plus considérables. De grands espaces sont abandonnés. C'est du terrain préparé pour d'autres plus persévérants, qui commenceront par l'élevage des bœufs. J'ai conseillé en vain aux Moïs de se faire indiquer par les Annamites voisins le labourage par la charrue et les buffles.

Projet d'exploitation des bois. — Une exploitation des inépuisables bambous femelles pourrait se faire par La-Miêt ou Mai-Lanh, sur Cam-Lô ou Quang-Tri par des radeaux sur le Rau-Quân, des buffles, des éléphants, des coolies. Cette exploitation facile précéderait celle des bois d'essence, des arbres géants, des caoutchoutiers, des arbres à huile. Les chutes d'eau fourniraient la force motrice. On pourrait essayer du schlittage comme dans les forêts d'Alsace, faire des vagonnets sur rails en bois, utiliser les pentes.

On travaillerait de septembre en avril et on ralentirait dans la saison chaude et insalubre. Les Moïs sont tout préparés et seraient de précieux auxiliaires comme bûcherons.

Le sol étant détrempé, les fourmis et les punaises ont envahi la case où nous couchons et il est impossible de s'en débarrasser. C'est une nuit sombre de cauchemar : la pluie chasse avec force ; les rapides font un bruit de tonnerre, les éléphants entravés par les pieds barètent, le vent siffle et secoue les grands arbres. Les rivières grossissent. Allons-nous rester bloqués à Lang-Vôi ?

Dans chaque case moï, il y a dans un coin une niche en treillis de bambous destinée aux génies. Il n'est permis ni d'y toucher, ni de se placer au-dessous ou devant. Nous n'avons qu'à rester étendus autour du foyer en attendant une embellie.

Khé-My-An. — Repartis le 8, à 7 heures du matin. Passé à 9 h. 1/2 le Khê-My-Yen (My-An), affluent de la Tchépone et la borne en pierre qui sépare le canton de Lang-Huan de celui de Lang-Ha. Bonne route plate jusqu'au ravin et ruisseau Khé-Xum. Nous dépassons à midi le ravin et le village de Phat-Cac, et nous laissons le chemin de Lang-Ha à gauche.

Ai-Lao. — Nous arrivons à Ai-Lao. C'est le nom que portait l'ancien pénitencier (Ai-Camp, Lao-Laos). Il y avait des Ai-Lao dans l'ouest de plusieurs provinces. Le nom du village annamite est Lao-Bao ou Bao-Lao — centre laotien. L'emplacement du poste est contourné sur trois faces à distance par la Tchépone qui a 40 mètres de large. Le poste était enfermé dans une palissade trop étroite. On y a construit des aménagements plus grands et plus confortables, et on l'a assaini.

Lao-Bao. — Le village annamite de Lao-Bao est à 150 mètres au nord du poste et celui de Bang-Phuong (Tiêm), à un kilomètre au sud, séparé par une jolie forêt et situé sur les bords de la Tchépone en face du pic Dong-Ngay.

Lao-Bao n'a que huit familles. Les hommes servent de trams (courriers). Le Chanh-Quan-Bao Duc y réside. Il est l'agent du Quan-Phu de Cam-Lô et son intermédiaire avec les villages Moïs. Il est illettré et sans autorité. Il a une solde de deux ligatures et un luong et demi de riz mensuellement (un franc et 20 kilos de riz).

Bang-Phuong a quarante belles et grandes cases, dix buffles, pas d'éléphants. Chaque case est munie d'un métier à tisser le coton et la soie. Il y a beaucoup d'arbres fruitiers. Le village est très propre. Un joli sentier y conduit à travers bois. Les habitants sont plus forts, plus blancs que les Moïs. C'est le type laotien. Le vieux chef se nomme But. Il nous est très dévoué. J'y fis installer une école qui fut très suivie par les enfants tiêm, curieux et avides de savoir. Ces gens faisaient trois jours de marche pour venir demander des livres d'images. L'enseignement par les yeux, par les leçons de choses, sont un facile moyen d'influence dont nous ne nous servons pas assez.

Le village voisin est Lang-Ha. En 1891, les habitants possédaient quatre éléphants. Deux leur ont été enlevés par des rôdeurs laotiens avant la création du poste de Ai-Lao. Les propriétaires des deux autres les ont vendus par crainte des Siamois.

En l'absence du sous-chef du district, le Xa-Bay-Say de Ho-Xang (Thao-Phra-Xay) nommé Sên, parti à Cam-Lô, son cousin qui le remplace et son frère cadet Khiêm avec un notable du châu de Lang-Thin nommé Say-Moun-Khoun, et six Tiêm arrivent me saluer. Ils sont vêtus du langoutis et d'un veston blanc. Ce sont de beaux hommes robustes, aux traits réguliers, figure ouverte et intelligente, cheveux en trosse. Ils me déclarent que les Siamois qui occupent leur pays ont donné les ordres suivants : Faire le recensement des adultes (en vue de l'impôt) ; aller deux fois par an à Ou-Bôn prêter le serment devant le gouverneur ou prêter le serment sur place en buvant l'eau consacrée qui leur est portée dans les villages par les chefs des postes siamois, ne plus aller à Cam-Lô, ne faire le commerce qu'entre les châus ou avec le Siam. Ces ordres sont donnés par circulaire (trât) que les chefs de postes font lire aux chefs et notables et remportent avec eux.

Ou-Bôn est le chef-lieu d'une province usurpée sur le Cambodge. La ville est située sur la rive droite en remontant la Sê-Moun et peuplée de 40.000 habitants. Pour y aller par voie de terre, c'est un voyage pénible et coûteux, les chefs de châus traversent le Mékong et mettent vingt-cinq jours dont dix-huit en route aller et retour. En outre, ils attachent à ce serment une crainte superstitieuse à cause de l'appareil dont il est entouré.

Le serment à Ou-Bôn. — Dans une pagode sont réunis les fonctionnaires et des soldats siamois. On amène les chefs qui doivent prêter serment. Les bonzes récitent des prières. Un secrétaire ou un bonze lit la formule du serment ; les chefs la répètent et défilent devant le Khâ-Luong (commissaire siamois) en trempant les doigts dans une coupe remplie d'eau du fleuve dans laquelle on a immergé des armes, de la poudre et sur laquelle les bonzes ont prononcé des formules de malédiction pour ceux qui n'observeraient pas la soumission jurée.

On se prosterne ensuite devant le portrait du roi et chacun boit une tasse de l'eau consacrée pendant que les bonzes prononcent des sentences en pâli. Le Khâ-Luong, ou son délégué, recommande aux assistants la fidélité au roi dont il vante la puissance et la bonté. Enfin il distribue des boites à bétel en étain (qui me paraissent de fabrication allemande) ornées de portraits enluminés et sans verre du roi et de la reine de Siam. Pour un prince asiatique, dont les sujets ne devraient jamais voir la face, l'innovation m'a paru intéressante. C'est peut-être une mesure à imiter. Chaque chef de famille placerait l'image du roi d'Annam au fond de son autel domestique.

J'ai dit aux Tiêm que d'après des traités passés entre la France et le Siam, le premier il y a vingt-neuf ans et le second il y a vingt-cinq ans, les Français avaient le droit de circulation sur le Mékong dont les eaux coulent dans nos possessions de Cochinchine, que ces eaux étaient donc aussi françaises que siamoises; que les mandarins siamois ne devaient pas leur faire prêter serment ni faire le recensement tant que les contestations entre l'Annam et le Siam n'auraient pas été réglées à Bangkok où l'on s'occupait de leur solution; que, par une convention en date de trois ans (1889), les Siamois s'étaient engagés à attendre sur place cette solution; que, par suite, le serment était prématuré et sans valeur puisqu'ils n'étaient pas déliés des actes de soumission faits au roi d'Annam Minh-Mang lorsqu'ils reçurent de lui leurs bang-cap (nomination).

Je leur apprends qu'il y a maintenant à Bangkok un ministre français chargé de régler cette situation d'accord avec le roi de Siam et le roi d'Annam, et que ni le gouvernement annamite, ni le gouvernement français n'ont jamais cédé cette région au Siam; qu'ils ont vu déjà depuis plusieurs années des officiers français lever la carte du pays afin de revendiquer ce qui était possession annamite. Je les ai engagés à attendre patiemment la solution de ces affaires. Ils me disent « qu'ils voudraient pouvoir compter les jours qui s'écouleront encore jusqu'à ce que nous venions les délivrer de l'usurpation siamoise. » Je les quitte en leur disant que ce sera « bientôt ».

Pour circuler et faire leurs échanges entre eux, les Tiêm doivent avoir une autorisation des chefs de postes siamois. Les buffles et les bœufs ne peuvent être exportés qu'au Siam, ce que les Tiêm ne peuvent et ne veulent pas faire. Ils savent d'ailleurs qu'il y a à Van-Mong une douane siamoise qui perçoit quatre boules d'argent (soit 2 piastres = 7 fr.)

par tête de buffle ou de bœuf venant des 3 châus de Ba-Lang, Muong-Bon, et Tam-Bong. Ce dernier n'est autre que Nam-Nau ou Muong-Phong à cinq jours de Ho-Xang. Les gens des châus ont cessé d'aller à Cam-Lô depuis trois ans et demi (1889) et à Hosang depuis 1891.

Les chefs des châus et leurs subordonnés insistent auprès du gouvernement annamite pour ne plus aller à Ou-Bôn ; pour n'avoir pas à se soumettre et à payer l'impôt au Siam, et surtout pour reprendre les relations commerciales avec Cam-Lô. Ils n'ont plus pour intermédiaires que les Moïs. Les Châus envoient des produits à Ho-Sang où les Moïs les reprennent à l'exception des buffles et des bœufs.

Toute la région Tiêm est ainsi privée de sel, de poisson salé, d'étoffes ; elle paie plus cher ses achats indispensables et ne peut écouler ses marchandises. Cette mise en interdit leur est d'autant plus sensible qu'ils m'ont tous exprimé leur reconnaissance envers l'administration française, qui a obtenu du gouvernement annamite la suppression des douanes forestières entre la région des Tiêm et des Moïs et les marchés annamites.

Le Xa-Bay-Say, ayant appris à Cam-Lô mon arrivée prochaine à Ai-Lao, interrompt son voyage à Quang-Tri où il était appelé par le Tuan-Phu (préfet annamite) pour lui donner des renseignements. Il revient ici avec le notable de Lang-Thin nommé Say-Su-Nion.

Il a cru devoir se présenter en turban noir et en robe de soie. Il est de manières aisées, très intelligent et très au courant du pays. Il me confirme tout ce qui m'a été dit le 9 septembre par ses parents. Je lui répète les mêmes explications et lui fais les mêmes recommandations. « Il se résigne, dit-il, à attendre. Il espère toujours en notre protection, mais se trouve, lui et tous les chefs de châus, entre deux pouvoirs contraires, entre des postes siamois qui occupent son pays, l'oppriment et le menacent, et des postes franco-annamites qui lui promettent de le délivrer des oppresseurs, tandis que ceux-ci restent maîtres de leur territoire et leur ferment l'accès de l'Annam. »

Je lui répète : « Patience et la solution viendra bientôt ». Je lui dis que nous pourrions boire l'eau du Mékong dont la Tchépone est un affluent et y tremper des cartouches pour en faire de l'eau du serment, mais que mes promesses et les siennes seront mieux scellées en buvant une coupe de vin français, ce qui a lieu. Je lui remets les cadeaux que j'avais apportés pour lui et il se retire satisfait.

Projet de marché à Ai-Lao. — La garnison de Ai-Lao dépense par mois, sur place, de 1.500 à 2.000 ligatures, soit, dans l'année, de 18 à 20.000 ligatures. C'est plus que suffisant pour alimenter à Ai-Lao un marché qui aurait lieu les 1er, 7, 14 et 21 de chaque mois. J'y ai fait construire des abris; tous les villages moïs et annamites sont invités à y venir. Les Tiêm trouveront moyen d'y envoyer des produits et peut-être de s'y rendre. Ce sera le marché intermédiaire entre eux et Cam-Lô. Si l'entreprise réussit, elle sera d'un grand avantage aux postes, aux Tiêm, aux Moïs et aux Annamites. Cette création n'aura pas seulement un avantage commercial, mais politique. Il y aura économie de temps, d'argent et de peines si l'on peut s'approvisionner et faire les échanges sur place. L'expérience paraît réussir. Les Annamites peuvent apporter ici le sel, le poisson salé, etc., etc. Les bœufs et les buffles viendront ensuite et un courant plus important s'établira.

C'est l'Annam qui a fait percer des chemins dans cette région, qu'il a organisée en châus (districts) et en cantons. Les villages des deux versants sont étroitement unis et ne peuvent être séparés en deux territoires, placés sous deux régimes et deux maîtres différents. Cam-Lô est le centre administratif de la région et le seul marché d'approvisionnement et d'écoulement, d'achats et de ventes.

Le jour où nous aurons obtenu satisfaction du Siam,

nous aurons attiré à nous des populations fort intéressantes et rendu au roi d'Annam et au protectorat de riches vallées en bordure du Mékong. Nous nous serons assuré des voies de communication jusqu'au grand fleuve. Puisque les passes du Mékong sont déclarées infranchissables, il n'y a plus que deux directions à donner au courant commercial du Laos central : Oubôn-Korat-Bang-Kok, ou bien Cam-Lô-Huê-Tourane. On a enfin compris, vers le milieu de 1893, que cette dernière voie devait être conservée à nos nationaux et à nos protégés et aujourd'hui Ai-Lao, relié par le télégraphe et la poste au réseau général de l'Indo-Chine française, reprend et développe son trafic avec Cam-Lô.

Je suis parti à pied d'Ai-Lao, malgré la pluie, le 14, à 8 heures du matin. Le chef Tiêm-But et 14 de ses hommes, le sous-chef moï de Lang-Ha et 15 hommes, plus 14 Annamites m'accompagnent; les invalides sont portés en filet.

Khé-Xum. — Le passage de la Khê-Xum est tenté vainement avec un va et vient en rotin ; mais une pirogue est amenée de Lang-Ha et amarrée solidement des deux bouts ; on passe un par un; il faut sauter rapidement sur la rive avant l'arrêt de la pirogue qui s'emplirait et chavirerait. Nous longeons, à 3 kilomètres de distance, à droite, la vallée de la Tchépone dominée par une rangée de montagnes dont la crête est garnie de murailles de roches, de sorte qu'on la croirait couronnée d'un château-fort jusqu'à son extrême pointe appelé le Dong-Ngay.

La My-An est devenue profonde et torrentueuse. Les Moïs y plantent des piquets à chacun desquels se tient un homme et on passe entre deux haies de porteurs.

Lang-Con. — Nous avons, à droite, le mont Dong-Ba et les villages de Lang-Toai et My-An, le canton de Lang-Thuan et le village de Lang-Voi, dont les cultures s'étendent, vers les sources de la My-An. Nous faisons halte à Lang-Con où habite le sous-chef du canton de Lang-Thuan, nommé Huân. On y compte 7 cases et plusieurs hameaux disséminés sur les bords du Khê-Bun.

Khé-Shan. — Nous en repartons le lendemain matin. Le chemin de La-Miêt, à gauche, est indiqué par un tombeau et un gros arbre isolé. Le Khê-Shan a 20 mètres de large et une grande profondeur. Il se jette dans la Tchépone. On suit la rive droite, puis la rive gauche.

Khé-Cu-Bach. — Nous le passons à 1 mètre au-dessus de sa chute; il tombe avec fracas dans un bassin très surbaissé, puis se présentent une autre branche de 5 mètres de large au-dessous de son rapide et enfin, le Khê-Cu-Bach, dernier affluent de la Tchépone. Ces ruisseaux sont bordés de cultures.

Relations entre les villages. — Nous rencontrons des Moïs de Lang-Ha revenant des rives du Nam-Lam-Bui qu'ils n'ont pu franchir. Ils ont laissé leurs marchandises à Lang-Cat et ramènent à vide leurs trois éléphants empruntés aux Moïs de Toi-Hai dans le Châu de Thuan-Khê. Ce point n'est pas compris dans les 9 cantons; on voit encore quelles relations ces Moïs éloignés ont avec ceux de Lang-Ha, et par eux, avec Cam-Lô où ils vont commercer Nous rencontrons 8 autres éléphants portant des produits d'échange entre les villages Moïs.

Le brouillard envahit la forêt à midi. Il fait une humidité glaciale. Nos vêtements sont trempés. Tout le monde grelotte. Il semble qu'il soit nuit. Les nuages très bas et les vapeurs de la terre ne font qu'un : « le ciel tombe », disent les Annamites, et les arbres aussi, avec leurs troncs pourris et leurs branches enchevêtrées de lianes qui barrent le sentier.

Nous gravissons en pente très douce un premier contrefort, au sommet duquel sont les dépôts de pierres et de feuillage qui indiquent la ligne de partage, mais non la ligne de faîte.

Versant annamite. — On repasse, en effet, sans montée trop sensible, du bassin de la Tchépone dans le bassin du Cu-Giong (versant annamite), mais il faut traverser ensuite les contreforts peu élevés du massif central le long duquel se déroule la route entre Lang-Cat et Mai-Lanh.

Lang-Cat. — Nous faisons halte à Lang-Cat qui est à un jour de Mai-Lanh sur les bords de la Cu-Giong déjà fort large et formant des chutes et des rapides. Le sentier est indiqué par un tombeau. Les Tiêm et les Moïs reçoivent l'hospitalité les uns chez les autres. Ils portent leurs vivres avec eux. Leurs relations sont quotidiennes.

Nous quittons Lang-Cat le matin, toujours à pied, sans avoir pu nous procurer d'éléphants. Il aurait fallu aller jusqu'à Vuc-Thuong.

Un escalier de roches nous mène au fond du ravin de la Cu-Giong. Nous sommes dans le bassin annamite. Sur sa rive gauche, le Quan-Phu (préfet) a fait édifier trois abris sur pilotis pouvant servir à 40 hommes. Nous traversons difficilement et nous longeons la rive droite très profonde et très encaissée ; un sentier de roches, coupé de ruisseaux et de cascades, la surplombe sous la grande futaie ; après avoir suivi le lit d'un ruisseau, de rocher en rocher, nous sortons des forêts et nous atteignons la rive plate et découverte du Rau-Quan.

Le Rau-Quan (rivière de Lam-Bui et de Mai-Lanh). — Ce fleuve à 150 mètres de large et plus de 2 mètres de profondeur. Nous essayons de faire un pont, mais les outils manquent. Ce sera trop long et il faudra camper de nuit sous la pluie. Il est indispensable de porter avec les convois de petits sampans-paniers en bambou tressé et goudronné et de faire sur place des radeaux ; c'est le seul moyen de passer lors des crues.

Nous nous décidons à quitter la route ordinaire et à remonter la vallée du Rau-Hô ou Cang-Giang ; nous le traversons sur 150 mètres de large au Thach-Xa-Luoi. Ce gué n'est pas praticable ; mais deux Moïs nous amènent une pirogue de pêche provenant d'un village abandonné sur la rive gauche.

La-Gon. — Un autre village de 4 maisons en ruines s'éparpille sur la rive droite, d'où un bon sentier nous conduit au beau village de La-Gon. Ses 10 cases spacieuses et propres s'étagent en amphithéâtre sur les contreforts du fleuve. Le chef, le Xa-Lanh, est absent, et c'est le seul village dont les habitants aient fui à notre approche. Il est du canton de Viên-Kiêu qui s'étend fort loin.

Lang-Reuou. — Nous escaladons des rochers pour redescendre à Lang-Reuou et nous retombons sur la rive droite du Rau-Quan (rivière de Mai-Lanh).

Ce n'est plus qu'un sentier de fauves sous les hautes herbes touffues, de chèvres sur les rochers, de buffles dans la vase et de poissons dans l'eau alternativement. Il y a à peine la place pour mettre le pied dans les anfractuosités des rochers où les Annamites s'accrochent avec les doigts de pied, faculté qui nous manque. Puis l'on enfonce dans la vase et l'on passe, avec de l'eau jusqu'à la ceinture, les affluents qui se succèdent, soit en cascades, soit en nappes vaseuses et qui sont le Khê-Ba-Ac et le Khê-Da-Voi (4 mètres de large), près du village de La-Lou, ainsi que de petits ruisseaux formés par les pluies et à sec dans la bonne saison.

Le fleuve semble barré par un pic isolé et visible de très loin ; c'est le Dong-Phu ou Nui-Ong, c'est-à-dire le pic du Génie des montagnes et qu'on laisse à droite. La traversée du Rau-Quan, à son confluent avec la Lam-Bui, la Cu-Giong et le Rau-Hô, est légendaire chez les Moïs et les Tiêm.

Les serpents d'eau. — Dans les bassins profonds des rochers, disent-ils, vivent des serpents de 20 mètres de long dont le corps est formé d'anneaux, qui se développent et dont la peau résiste à la lance et au couperet.

Lors des crues, ce serpent s'attaque aux hommes et aux animaux, les enveloppe de ses replis et leur suce le sang. Bien que sa tête ne soit pas plus grosse qu'un globe de lampe, il a immobilisé, paraît-il, les quatre pieds d'un éléphant qui traversait le gué, l'a entraîné, noyé et tué en le suçant près des yeux. Il a enlevé sept hommes au Lang-

Sranh, près Vung-Kho, il y a deux ans. Le nommé Lanh, maire de Vien-Khiêu, l'a vu dernièrement. Il a emporté l'année dernière un Moï de Lang-Khuân revenant de Cam-Lô. Les Moïs en ont tué un sur le Râu-Ho il y a un an et on en a coupé un morceau de un mètre qu'on a porté à Cam-Lô. Les anneaux se repliaient et s'allongeaient. A la même époque, un animal semblable, serpent, ou anguille, a fait chavirer dans le Nam-Ko, près de Na-Bôn, quatre Tiêm qui étaient en pirogue et il les a noyés et enlevés. Tel est le récit des Moïs et des guides annamites, qui affirment l'existence de ces monstres.

Je ne saurais partager ni nier leurs croyances. Dans les bassins rocheux des montagnes de la Nouvelle-Calédonie il y a des anguilles de 20 à 25 kilos et j'en ai vu tuer à coups de fusils une de 22 kilos qui ne pouvait être portée que par deux hommes.

Le Rau-Quan se nomme maintenant le Xom-Xom. Il est coupé de violents rapides. Les deux premiers sont formés par d'énormes roches contre lesquelles les eaux rejaillissent en vagues écumantes. Au village de Tra-Nien, cinq barques de pêche, qui ont remonté deux rapides à la cordelle, nous prennent à bord, mais nous déclarent ensuite ne pouvoir redescendre les rapides et nous débarquent fort désappointés, car la marche était pénible.

Maï-Lanh. — Une demi-heure après, nous quittons le dernier village Moï, Lang-Xom, dont les cultures sont contiguës aux champs annamites de Maï-Lanh. Les deux méthodes de cultiver le riz font contraste et je le fais en vain remarquer aux Moïs et aux Tiêm. Nous traversons les belles rizères de Maï-Lanh et les pâturages remplis de buffles et bordés de jolis bouquets de bois. Les coolies annamites se sentent revivre, poussent des cris de joie et accélèrent la marche. Le village, en partie emporté par la crue du fleuve en 1891, s'est reconstruit et développé. Les maisons sont palissadées et propres. C'est un village dans l'aisance en face le massif Dong-Hô. Il est sur la rive droite et un bac conduit sur l'autre rive.

Les Tiêm, les Moïs, les Annamites qui m'accompagnaient, forment trois groupes dont la réunion représente les trois races de la région. Nous leur distribuons leur salaire et leur provision de riz et nous remercions leurs chefs qui repartent satisfaits. Ces gens nous ont rendu de grands services et se sont montrés doux, vaillants, serviables, hospitaliers et fort bien disposés. Ils méritent intérêt et bienveillance.

De Maï-Lanh, départ en barque à 7 heures du soir. Malgré la nuit les bateliers ne craignent pas de franchir les rapides. Je rencontre à minuit l'inspecteur des milices Quénel et son convoi se rendant à Ai-Lao. Je redescendis avec lui à la concession de MM. de Vaugelade, Richardson et Saillard. Ce dernièr était seul dans l'habitation, vaste et confortable. Elle s'élève sur la rive droite de la rivière de Quang-Tri à Tinh-Thôt ou Da-Noï en amont de Ba-Lan, dans l'endroit le plus malsain de la région ; aussi a-t-on été obligé de l'abandonner depuis lors.

Nous repartons le matin, le convoi pour Mai-Lanh, à contre-courant, et moi descendant les rapides vers Quang-Tri, où j'arrive à une heure. La barque du chef de poste d'Ai-Lao remontait en se faisant haler sur la rive au moyen de cordages en rotin. Un de ces rotins vint à casser dans un rapide. La barque chavira et ceux qui la montaient furent emportés par le courant. Ils purent heureusement, à 50 mètres plus bas, se rattraper aux branchages de la rive ; mais un Annamite disparut et ne put être retrouvé.

La fièvre des bois. — Depuis six jours, presque tous nous éprouvions les mêmes symptômes : étourdissements, vue trouble, bourdonnements d'oreille, sueurs chaudes et froides, faiblesses des membres, sensibilité cutanée extrême. Ne sont-ce pas là les effets d'une véritable intoxication ? En marche, le grand air, le mouvement, les efforts musculaires entretenaient l'appétit et la circulation du sang. Nous mangions à chaque repas un potage au riz et une poule au riz et nous buvions une infusion de citronnelle chaude, pour éviter l'eau supposée malsaine puisée au fleuve. Arrivés à la dernière étape, les Annamites qui m'accompagnaient sont à peine au repos qu'ils sont pris par la fièvre. La réaction se fait toujours chez eux immédiatement. Les accès sont suivis d'une grande faiblesse. L'ipéca d'abord et la quinine ensuite doivent être administrés aussitôt après l'accès. Nous avons été atteints les uns après les autres, mais je n'ai perdu aucun de mes hommes. La meilleure époque pour entreprendre les tournées dans la région de l'ouest et le bassin du Mékong, c'est de janvier à avril, avant les grandes chaleurs.

La saison insalubre commence en mai jusqu'en août. Le soleil est très pernicieux et développe des miasmes plus dangereux encore pour les Annamites que pour les Européens. En septembre et en octobre, l'inondation et les pluies rendent la circulation très difficile et très pénible.

De Quang-Tri à Dong-Hoï, le retour s'effectue tantôt par eau, tantôt par terre, en un jour et deux nuits. On a le choix entre la route mandarine et les fleuves, et les moyens de transport sont faciles. Toute la région entre le Quang-Tri et le Mékong peut être parcourue en un mois. Il faut deux jours pour aller de Cam-Lô à Hosang, autant jusqu'à Na-Bon, de même jusqu'à Xuong-Thanh ; trois jours jusqu'à Muong-Chanh par Tabang ; cinq jours jusqu'à Muong-Phin, centre administratif le plus important, autant jusqu'au Muong-Phong ; un jour jusqu'à Song-Khone, poste au confluent de la Sé-Bang-Hiên, et deux jours jusqu'à Na-Pra Sum, sur les bords du Mékong, en face de Kemmarat. Le résident Dufrénil, avec l'inspecteur Garnier et des contingents de Miliciens, ont fait évacuer toute cette région par les Siamois, sans coup férir, le 26 mai 1893. On voit qu'il eût été facile de les en expulser plus tôt.

Ainsi, du littoral de l'Annam aux bords du Mékong, il y a au maximum vingt-deux jours de route par des chemins très praticables. C'est la meilleure voie à suivre pour les échanges commerciaux. Nous avons relevé les itinéraires parcourus de Cam-Lô à A-Xoc et Ai-Lao et nous pensons que ces renseignements détaillés seront utiles à ceux qui auront à circuler dans cette région, que le moment est venu d'organiser.

Conclusions. — Nous ne devons plus jouer à Bangkok le rôle de dupes que nous y avons joué en 1863 et en 1867. L'Angleterre a pris prétexte de notre établissement dans les deux bassins contigus du Fleuve rouge et du Mékong pour prendre la Birmanie, mais elle s'est engagée, en 1884, à nous réserver les territoires qui nous revenaient de droit, c'est-à-dire les États Shans du haut Mékong.

De même elle prend prétexte des revendications du roi d'Annam sur le Laos annamite de la rive gauche du Mékong qui lui apppartient, pour menacer le Siam de l'englober tout entier dans la famille anglaise en rejetant sur nous la faute. Cette duplicité ne trompe personne, car la Birmanie anglaise n'a à attendre de nous que des relations de bon voisinage.

Paul Deschanel, député, écrivait en 1885 ce qui suit : « Le jour où l'Angleterre prendra la Birmanie, notre « autorité dans la partie orientale de la presqu'île Indo- « Chinoise subira une réelle atteinte. Si nous ne prenons « pas nos précautions (dans le haut Laos), les Anglais une « fois établis à Xieng-Mai (Laos siamois) seront maîtres, « au moins moralement, de la vallée du Mékong et de « l'importante position de Luang-Prabang qui était tribu- « taire de l'Annam. Ainsi coupés du grand fleuve, menacés « de voir l'Angleterre accaparer le protectorat du Siam, « notre situation en Indo-Chine sera bien diminuée. »

Or, la Birmanie a été prise le 1er décembre 1885. Nous avons pu nous réserver par le traité de Bangkok du

3 octobre dernier la navigation exclusive sur le grand lac du Cambodge, que notre ignorance a laissé, en 1863, couper en deux par une frontière fictive. Nos canonnières ont déployé sur le Mékong, de Khône à Luang-Prabang, nos couleurs qui y sont connues depuis 1866. Les principautés de la rive gauche, qui sont au roi d'Annam, notre protégé, lui sont restituées; Luang-Prabang et le Muong-Lu sont sous notre Protectorat.

Quant à la vallée du Haut-Mékong nous avons à maintenir les réserves posées en 1884 au sujet des États shans de ce bassin, acquis à notre sphère d'action. Point n'est besoin entre nous et la Birmanie d'autre État tampon que le Siam autonome et indépendant. Ce que les Anglais ont appelé « le péril français » est en effet un grand péril pour nous. Nous le connaissons, nous devons l'éviter; ne nous laissons pas enfermer dans les mailles du filet que l'Angleterre resserre chaque jour et dont il faut, au contraire, nous dégager. Il n'est que temps de sauvegarder notre situation et nos intérêts politiques et commerciaux sans céder aux exigences mal fondées de nos rivaux et voisins. Ils convoitent les voies d'accès de Birmanie en Chine à travers la vallée du Haut-Mékong. Cette région doit rester une dépendance du protectorat français en Indo-Chine.

II

LE PAYS DES POU-EUNS

(Cam-Môn et Tran-Ninh)

ENTRE LE NORD DE L'ANNAM ET LE MÉKONG

Région réoccupée en juin 1898

SOMMAIRE. — Région entre l'Annam et le Mékong à l'ouest du Nghê-An et du Hatinh. — Limites du Tran-Ninh, du Cam-Môn et du Cam-Côt. — Postes français. — Le Song-Ca. — Population du Tran-Ninh. — Son origine. — Signification du mot *Muong*. — Autonomie de ces peuplades. — Les Pou-Euns ou Thos. — Les Pou-Thai ou laotiens. — Les Méos. — Origine des Xas. — Mœurs et coutumes des Pou-Euns. — Produits et animaux du pays. — Histoire du Tran-Ninh et de la région des Muongs. — Fin du royaume de Vien-Chan. — Organisation de ces régions par l'Annam. - Invasion des Hôs. — Hostilité des Xas unis aux Chinois. — Intervention des Siamois. — Fuite des habitants. — Postes siamois au Tran-Ninh. — Le frère du roi de Siam à Nong-Kay. — Conséquences de ces invasions. — Premiers postes français. — Mission Pavie. — Importance des routes du Tonkin et de l'Annam au Mékong. — Échanges. — Évacuation des Hos. — Intervention française. — L'ensemble des communications avec l'Indo-Chine française. — Prévision des traités. — Nos droits et nos devoirs. — Notre domaine Indo-Chinois. — Routes et ports. — Avenir commercial. — Convention Franco-Siamoise. — Meurtre de Grosgurin et de seize miliciens. — Réparations dues. — Réintégration des anciens habitants. — Conclusion.

Nous avons parcouru et étudié le pays des Tiêm entre la capitale de l'Annam, Hué, la province de Quang-Tri et le Mékong. Les Siamois occupaient depuis plus longtemps encore, entre Vinh, Hatinh et le grand fleuve, une vingtaine de districts habités par les Pou-Euns, districts qu'ils avaient enlevés à l'Annam. Ces territoires ayant été repris par nous en même temps que ceux des Tiêm, il est nécessaire, pour être complet, de faire connaître cette partie du Laos annamite.

On trouvera sur le croquis spécial annexé à cette étude, la configuration de cette région habitée principalement par les Pou-Euns et les Khas ou Moïs. En voici la situation, les dénominations, les divisions et les limites.

Région entre l'Annam septentrional et le Mékong. — A l'ouest des provinces annamites du Nghê-An et du Hatinh, s'étendent de vastes régions peuplées de 50.000 habitants. Ce sont : le *Trân-Dinh*, comprenant les huyens de Cam-Mon, de Cam-Cot et de Cam-Linh entre le Hatinh et le Mékong ; les huit huyens du *Tran-Ninh* entre le Nghê-An, le Mékong et la rive droite de la Rivière-Noire ; le *Trân-Biên* qui compte quatre huyens et le *Tran-Manh* ou Tran-Tinh, qui en compte trois. Le Trân-Biên se nomme aussi les Ban-Tanghoc (Opan Thang-Hoc).

On se rend au Cam-Môn par le fleuve Ngan-Pho (en Hatinh), Hatraï et le col de Hop-Ham ou par celui de Qui-Hop.

Le Tran-Ninh est une principauté qui dépendait autrefois du royaume de Viên-Chan (Nam-Chuong) qui s'était reconnu vassal de l'Annam par le traité de 1750 et lui payait tribut.

Limites du Tran-Ninh, du Cam-Mon et du Cam-Cot. — La principauté du Tran-Ninh est limitée par le Mékong à l'ouest, le Cam-Mon (Hatinh), au sud, le Cua-Rao sur le Song-Ca et le Phu de Thuong-Duong au nord-est, le Song-Khan au nord et le Song-Mâ, fleuve de Thanh-Hoa au nord-ouest.

La capitale est Xieng-Quang, au-delà de Muong-Ngan, où résidait le principal chef siamois. Les huit huyens sont : Kam, Xuy, Liem, Xen, Cot, Kang, Quang et Moc.

Les quatre huyens de Tran-Biên, sont : Nam-Soan, Muong-Loan ou Man-Lang, Sam-To et Xa-Hô. L'ensemble des trois autres, appelé le Tran-Tinh, se compose de : Yen-Son, Muong-Son et Tam-Nguyen ou Tru-Nguyen.

Les chaus ou muongs du Thanh-Hoa sont : Sam-Na, Man-Soi et Trinh-Cô ou Kieu-Cô.

Postes avancés. — On pénètre dans le Tran-Ninh par le Song-Ca, ou Ngan-Ca que les Muongs appellent Nam-Pau et qui prend le nom de Song-Neun ou Nam-Neun, ou Ngan-Neun, au-dessus de son gros affluent de droite, le Song-Mô qui se réunit au Song-Ca à Cua-Rao.

Le Song-Ca. — Le Song-Ca a de nombreux rapides depuis Cay-Chanh jusqu'à sa source ; mais il est navigable sur 550 kilomètres qu'on parcourt en 11 jours. Nous avons établi sur les rives des postes franco-annamite avancés.

Le Song-Ca et le Song-Ma sont les deux plus grands fleuves de l'Annam ; mais le Song-Ma en Tanh-Hoa est peu navigable.

Song-Mô. — Le Mô, l'affluent du Song-Ca, offre des difficultés à la navigation jusqu'à Ta-Phê. Il est obstrué par des rapides dangereux, et il faut transborder les bagages plusieurs fois.

M. le capitaine Laffite a remonté en 1888 et 1889 une partie du Song-Ca et du Mô.

Population du Tran-Ninh, du Cam-Mon et du Cam-Cot. — La région comprise entre la Rivière-Noire, le Yunnam, l'Annam, la Birmanie et le Laos, est habitée par plusieurs peuplades, dont les principales, issues des Pou-Theng, gens des montagnes de Dien-Bien-Phu ou Theng, sont :

Les Pou-Thai, branche des Laô (Laotiens), entre l'Annam-Tonkin et la Chine, qui occupent, parallèlement aux Annamites, la moitié du Tonkin ;

Les Pou-Euns, dans le Tran-Ninh (Annam), et le Cam-Mon ;

Les Méos ;

Les Xas et autres tribus Moïs ;

Quelques débris des Hos (Chinois).

Origine de la population. — Voici, d'après M. Pavie, l'origine de ces populations. Le pays de Theng est au nord de Luang-Prabang entre la Rivière-Noire, les sources du Song-Mà (Thanh-Hoa) et celles du Nam-Hou. La ville de Theng se trouve sur le Nam-Yeun, affluent du Nam-Hou.

C'est de Theng que les sept fils du sage Borom ou Ta-Prôhm, l'ancêtre Brahma, envoyé du ciel sur la terre par Indra, le roi des Anges, se séparèrent :

L'un resta à Luang-Prabang (Laos-Lao);

Un au pays Kéo (Annam);

Un à Xieng-Mai (Laos siamois);

Un au pays des Hos (Yunnam);

Un à Xieng-Hong (États Chàns, Muang-Khan, Haut-Mékong);

Un à Siam ;

Le septième à Xiêng-Quang (Tran-Ninh).

Signification du mot Muong. — On a improprement désigné, dit M. Pavie, ces peuplades sous le nom de Muongs. Ce mot ne doit s'appliquer qu'au territoire et signifie : *canton*, *province*. On dit *Muong* en langue *Thai*, langue chantante, analogue au Siamois, et *Châu* en *Annamite*.

Autonomie de ces peuplades. — Ces peuplades sont jalouses de leur autonomie. Elles sont organisées suivant le régime féodal, sous des chefs héréditaires ; elles sont tributaires de l'Annam depuis les temps les plus reculés.

Les Pou-Euns ou Thos, habitants du Tran-Ninh. — Les Pou-Euns, que les Annamites appellent les Thos, tirent de l'Annam le sel marin qui leur est indispensable, tandis qu'au Laos on trouve du sel gemme. Il est probable qu'on en trouvera aussi au Tran-Ninh, maintenant rouvert aux relations avec l'Annam.

Il y a entre cette race et les Annamites la même antipathie qu'entre ceux-ci et les Cambodgiens. Les Pou-Euns sont boudhistes fervents, tandis que les Annamites n'observent que les formes superstitieuses d'un boudhisme dénaturé et corrompu. Ce serait folie que de vouloir donner aux Pou-Euns des chefs annamites ou de vouloir les plier au régime annamite.

Les Pou-Thai ou Laotiens (*Lao*). — Les Pou-Euns se mélangent souvent aux Laotiens et jamais aux Annamites. Les relations des Annamites avec les Laotiens, qu'ils appellent Lao, datent du XIIIe siècle.

En 1331, une tribu de Lao[1] envahit le Nghê-An. Un siècle plus tard ils étaient les alliés des Annamites. Les Lao (Pou-Thai) habitaient, comme aujourd'hui, à l'ouest du Tran-Ninh.

Depuis 1800 ans jusqu'à nos jours, les Chinois ont essayé en vain de dompter ces peuplades laotiennes, qui forment les seize châus Tonkinois, les sept châus du Thanh-Hoa, les Muongs du Tran-Ninh, du Cam-Mon et du Cam-Cot.

Un commentateur des *Annales annamites*, écrivait : « Les Giao-Chi (Annamites), les châus de la plaine, les « Nhat-Nam (moïs) de la montagne, voilà notre Annam ! » Le roi annamite Dinh-Nghê était originaire des châus, ainsi que son successeur Ngô-Quiem. Le premier, au Xe siècle de notre ère, mit fin à la domination chinoise en Annam, avec l'aide de ces populations laotiennes (931-939).

Les châus se soulevèrent contre l'Annam en 1029 et 1035 sous le règne de Ly-Thai-Thong).

En 968, le roi d'Annam Dinh-Bo-Linh avait fait de Vinh, chef-lieu du Nghê-An, appelé alors Hoan-Châu, la capitale du royaume, quarante-deux ans avant que Hanoï devînt la capitale sous Ly-Cong-Nan.

Nguyen-Dzo, restaurateur de la dynastie Lê, au XVIe siècle, s'était réfugié près du roi d'Aï-Lao, nommé Sa-Dau.

En 1697, Triêu-Phuoc, fils d'un roi laotien détrôné, et réfugié en Annam, est rappelé à la mort de l'usurpateur.

[1] Aï-Lao signifie campement laotien.

La cour du Tonkin (Hanoï) le fait reconduire avec honneur jusqu'à la citadelle des châus et lui fait reconnaître sa suzeraineté.

Peu de temps après, en 1705, il est décidé que les rois du Laos devront venir tous les trois ans présenter leurs hommages à la cour du Tonkin

Ces faits expliquent comment nous retrouvons dans l'Ouest de chaque province annamite des localités qui ont conservé le nom de Aï-Lao. Ces points étaient des douanes, des fortins (Don) et leur nom, dit le R. P. Bon, d'après Mgr Taberd, est formé de Aï (camp poste) et de Laos ou Lao. Les annales de l'Annam donnent des renseignements détaillés sur les relations de ce pays avec les diverses peuplades laotiennes.

Il est donc avéré que la domination annamite sur les châus et muongs est de bien des siècles antérieure aux prétentions récentes des Siamois.

Les Méos. — Les Méos sont d'origine Mongole. Ce sont les restes d'une colonie chinoise, des Miao-Tsé, mélangés avec d'autres, venus du Kouang-Si au XVIIe siècle. Ils ont les mœurs et le langage de la Chine. Les femmes portent des pendants d'oreilles assez longs pour être accrochés derrière la tête ou sous le menton. La tribu Méo, qui est à Xieng-Quang, s'y est établi il y a environ quarante ans.

L'opium vient de chez les Méos qui le recueillent eux-mêmes ; c'est le principal objet d'échange dans le pays. Les Méos et les Xas ne paient pas l'impôt à l'Annam, mais au chef de la tribu.

Origine des Xas. — Un Moï et une Laotienne, sans enfants, demandèrent un fils à Préa-Indra, roi du ciel et des anges, qui en envoya un porté par six femmes célestes. Ce fils, appelé Thao-Gi, tomba du ciel dans les mains des parents par un coup de vent et devint le chef des Moïs. L'une des femmes célestes, qui avaient porté cet enfant, avec si peu de précaution, tomba pendant le même coup de vent dans le Nghê-An. Cette femme épousa un habitant de ces parages et son fils fut le chef du pays de Hoan-Châu ou Nghê-An (Vinh).

Telle est la légende rapportée par M. Pavie.

Les Khas (ou Xas, ou Swas, ou Yachs, ou Pou-Tinh, ou Pou-Chuongs, ou Penongs, ou Moïs), auraient fait la guerre dans le Vien-Chan (Nam-Chuong) pour se procurer des terres cultivables, et, étant battus, se seraient retirés sur les confins de l'Annam. On les appelle, par euphémisme, Pou-Theng ou Pou-Tinh.

Mœurs et coutumes des Pou-Euns. — Les maisons sont bâties sur pilotis. Les cloisons et les planches sont en bambous, sans cheminée. La basse-cour est en dessous. Dans chaque case est une jarre de vin obtenue par la fermentation du riz ou du millet. On boit le vin avant le repas et le thé après. Les femmes mangent à part. Celles-ci portent la hotte sur le dos au moyen d'une lanière d'écorce ceignant le front. « Après la mort d'un montagnard, dit le R. P. Pinabel, un sorcier asperge de vin de riz les parents et la maison avec un goupillon d'herbes, comme purification et pour chasser les mauvais génies. Les cimetières sont des lieux sacrés dans la forêt où on ne doit pas couper d'arbres. »

Dans cette région, les pluies ont lieu de mai en novembre; la température est plus fraîche que sur la côte d'Annam.

Produits et animaux du pays. — Les produits des Pou-Euns sont les bois, bambous, rotins, chênes, palmiers, sagoutiers, faux gambier (cunao), médecines chinoises, teinture, tabac, cannelle, cire, cardamone, riz, maïs, canne à sucre, taros, manioc, mûriers, coton, ramie. L'opium vient de chez les Méos qui cultivent des champs de pavots et en recueillent eux-mêmes le suc.

Parmi les animaux, on trouve des buffles, bœufs, chevaux, pangolins, serpents, tigres, panthères, éléphants, bœufs sauvages, *axis*, sangliers, rhinocéros, singes, etc.

Histoire du Tran-Ninh et de la région des Muongs. — « Sous le règne de Gia-Long et de Ming-Mang, dit le R. P. Blanck, l'Annam était puissant et sa domination s'étendait au loin. Toutes les principautés situées sur le Mékong lui payaient tribut. A l'emplacement de Nong-Khay, rive droite du Mékong, existait le royaume de Nam-Chuong (Vien-Chan) de la juridiction duquel relevaient plusieurs principautés laotiennes, ainsi que le Tran-Ninh, le Tran-Dinh, le Tran-Bien; mais ce royaume de Vien-Chan était lui-même tributaire de l'Annam.

« Le Tran-Ninh continua à être régi directement par l'Annam après la prise de Luang-Prabang, vers 1470.

Fin du royaume de Vien-Chan. — « Nous avons vu qu'à la fin du règne de Minh-Mang, une guerre éclata (1827) entre le Siam et le dernier roi de Nam-Chuong, Anone. Le roi vaincu chercha un asile dans le Tran-Ninh. Le Siam envoya l'ordre de le livrer. Le roi de Tran-Ninh lui conseilla alors de se sauver ailleurs et, sur son refus, le livra à l'Annam pour éviter toutes difficultés entre les puissances siamoises et annamites.

« Le roi de Nam-Chuong resta quelque temps à Vinh, chef-lieu du Nghê-An, puis remonta à Tran-Ninh avec quelques soldats annamites qui descendirent bien vite, laissant au chef du Tran-Ninh le soin de garder le roi fugitif. Mais Siam ordonnant toujours de le livrer, le chef du Tran-Ninh obéit enfin et le livra.

« A cette nouvelle, le roi d'Annam envoya des troupes pour s'emparer du roi du Tran-Ninh et de toute sa famille. Il y eut beaucoup de sang versé; le roi et sa famille furent faits prisonniers et conduits à la ville. Le roi eut la tête tranchée dans la capitale, et sa famille resta prisonnière jusqu'à la fin du règne de Thiêu-Tri. »

Organisation de ces régions par l'Annam. — « La paix fut alors conclue entre l'Annam et le Siam. Le royaume de Nam-Chuong (Vien-Chan) fut effacé de la carte; toutes les principautés situées sur le Mékong (rive droite) revinrent au Siam ; celles de la rive gauche : Cam-Mon, Cam-Keut, Tran-Ninh, Tran-Bien, Tran-Manh, déjà tributaires de l'Annam, furent abandonnées au roi d'Annam qui les organisa en huyens en 1831.

« Après une rude captivité, la famille royale put revenir à Tran-Ninh. L'aîné des quatre fils fut nommé roi (1831).

« Le deuxième avait pris dans la plaine une femme chrétienne dont il eut deux fils, qu'il confia à Mgr Gauthier, alors vicaire apostolique de Vinh, pour les faire instruire dans la religion chrétienne et les lettres. Un missionnaire français, le R. P. Taillandier, s'était rendu dans cette région et était mort dans un village des rives du Song-Mô. Le cadet des fils du roi est mort en 1876. Leur père est allé mourir à Luang-Prabang.

« Le Tran-Ninh fut visité en 1881 par trois autres missionnaires (les pères Blanck, Cudrey et Satre ; ce dernier a été victime de la révolte de 1885), envoyés par Mgr Croc. Le père Blanck en dressa une carte en 1882.

Invasion des Hôs. — « Après la mort de l'aîné des quatre fils du dernier roi, le troisième fut nommé pour le remplacer.

« Les Hôs (Chinois) entrèrent dans le pays sous son gouvernement en 1874. Il rassembla des soldats pour les combattre. Il allait gagner la bataille, quand une balle le renversa raide mort. Tous les autres prirent la fuite et les Hôs sont restés dans le pays jusqu'à ce jour. Son fils Khan-Ti lui succéda.

« Ce chef vint à Vinh demander assistance aux autorités annamites. Il réclama trois fois des secours.

« Le Tong-Doc (Gouverneur) lui donna quelques armes et promit d'envoyer une troupe de 200 hommes ; mais ceux-ci reçurent l'ordre de revenir sans avoir été jusque dans le Tran-Ninh. »

Hostilité des Xas unis aux Chinois. — Il s'agissait de repousser les peuplades Xas. Ces derniers, dépourvus de terres, pillaient depuis douze ans leurs voisins pour vivre et faisaient cause commune avec les Hôs. En 1885, des Chinois, venus du Yunnam et formés des anciens Pavillons-Noirs, Rouges, Jaunes, renforcèrent les Hôs qui étaient déjà depuis dix ans dans le Tran-Ninh.

Intervention des Siamois. — Alors Chau-Khan-Ti appela les Siamois qui s'empressèrent d'intervenir. Ils trouvèrent les Chinois plus forts qu'ils ne le pensaient et repartirent au Siam sans les avoir combattus. Ils n'avaient fait qu'ajouter à la ruine du pays. Les habitants se dispersèrent à Luang-Prabang, à Nong-Kay, à Pon-Pissay, à La-Khon et surtout dans le Muong-Boli-Khan, à l'embouchure du Ngan-Xau. Les gens de Tran-Ninh s'y établissaient sous l'autorité du frère de Chau-Khan-Ti, chef du Tran-Ninh, et avec l'autorisation du roi de Siam qui n'avait aucun droit sur ce territoire.

Fuite des habitants. — Fuyant les Hôs et les Xas, les habitants du Huyen-Moc, en Tran-Ninh, les gens du Tran-Bien, des Annamites du Huyen de Ky-Son et du Phu de Thuong-Duong se réfugièrent au Cam-Mon. Les Xas étaient descendus piller jusqu'à Cua-Rao et Canh-Trap sur le Haut-Song-Ca, bien que les Annamites eussent un fortin à Cua-Rao. Cette position est très importante et des marchands laotiens et birmans y venaient commercer auparavant.

Devant les troupes siamoises venues en 1886, les Chinois s'étaient momentanément retirés. Les mandarins annamites les avaient pris à leur solde pour chasser les Français de l'Annam. Ce furent eux qui massacrèrent le P. Satre en 1886. Puis, le 7 juin 1887, ils allèrent piller Luang-Prabang pour venger la querelle de Déo-Van-Tri, aujourd'hui rallié au protectorat français.

On sait comment les troupes siamoises, qui occupaient la ville pour la protéger, par ordre de Bangkok, s'enfuirent dès l'arrivée de Déo-Van-Tri et des Hôs. Le vieux roi laotien fut sauvé par M. Pavie, avec l'aide du Cambodgien Kéo,

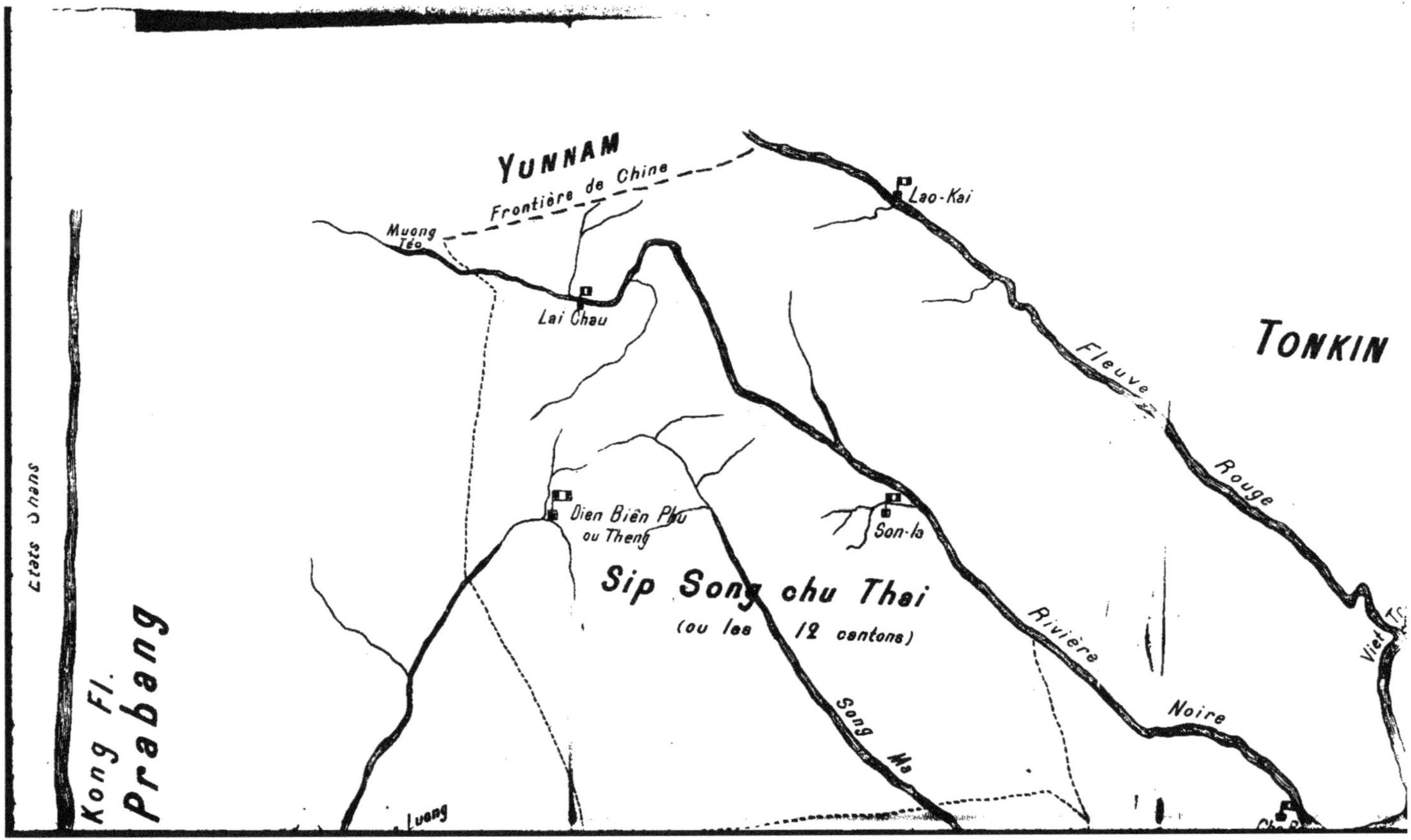
YUNNAM
Frontière de Chine
Muong Téo
Lai Chau
Lao-Kai
TONKIN
Fleuve Rouge
Dien Biên Phu ou Theng
Son-la
Sip Song chu Thai
(ou les 12 cantons)
Rivière Noire
Song Ma
Luong
Kong Fl.
Prabang
Etats Shans
Viet

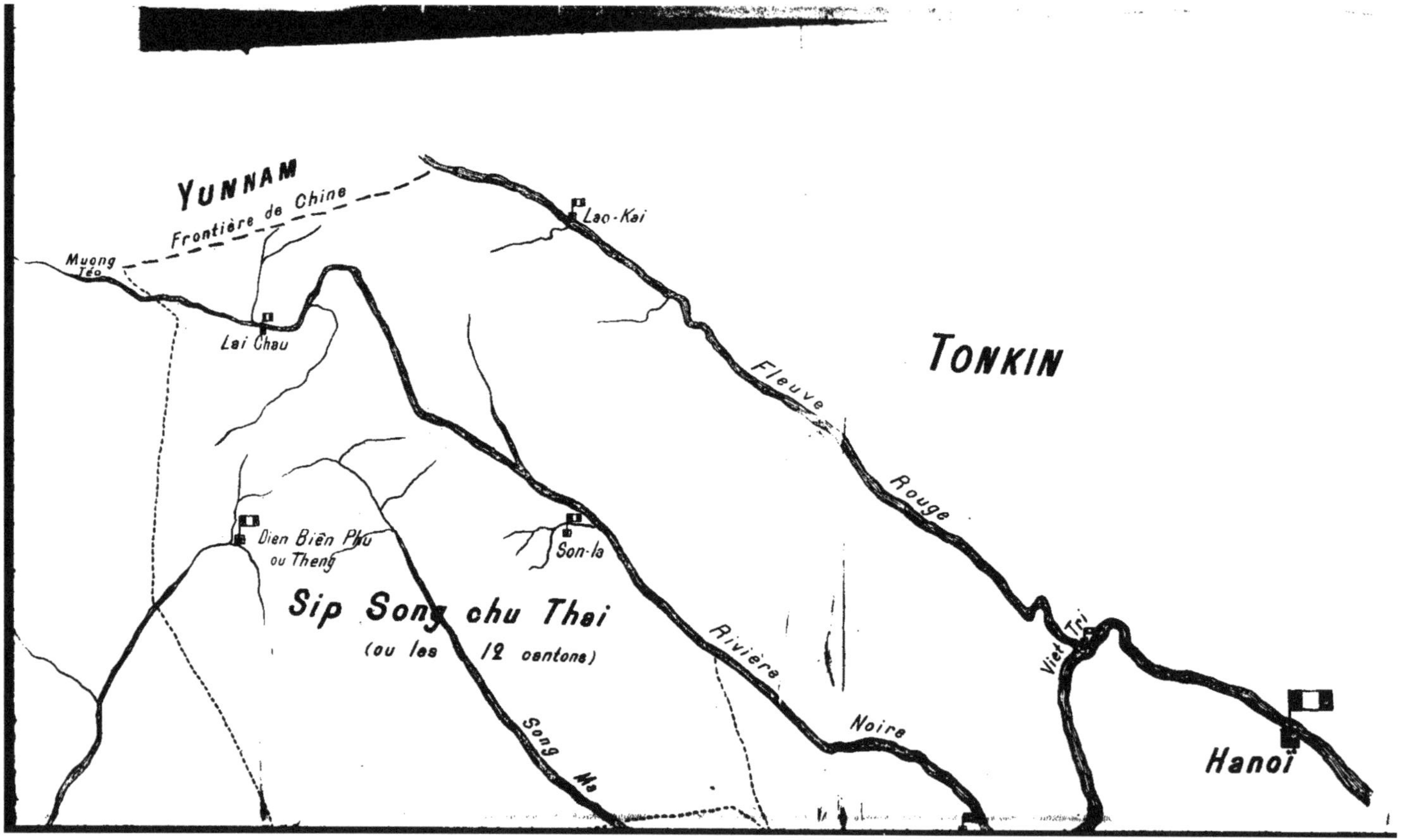
YUNNAM
Frontière de Chine
Muong Téo
Lai Chau
Lao-Kai
TONKIN
Fleuve Rouge
Dien Biên Phu ou Theng
Son-la
Sip Song chu Thai
(ou les 12 cantons)
Rivière Noire
Song Ma
Viet Tri
Hanoï

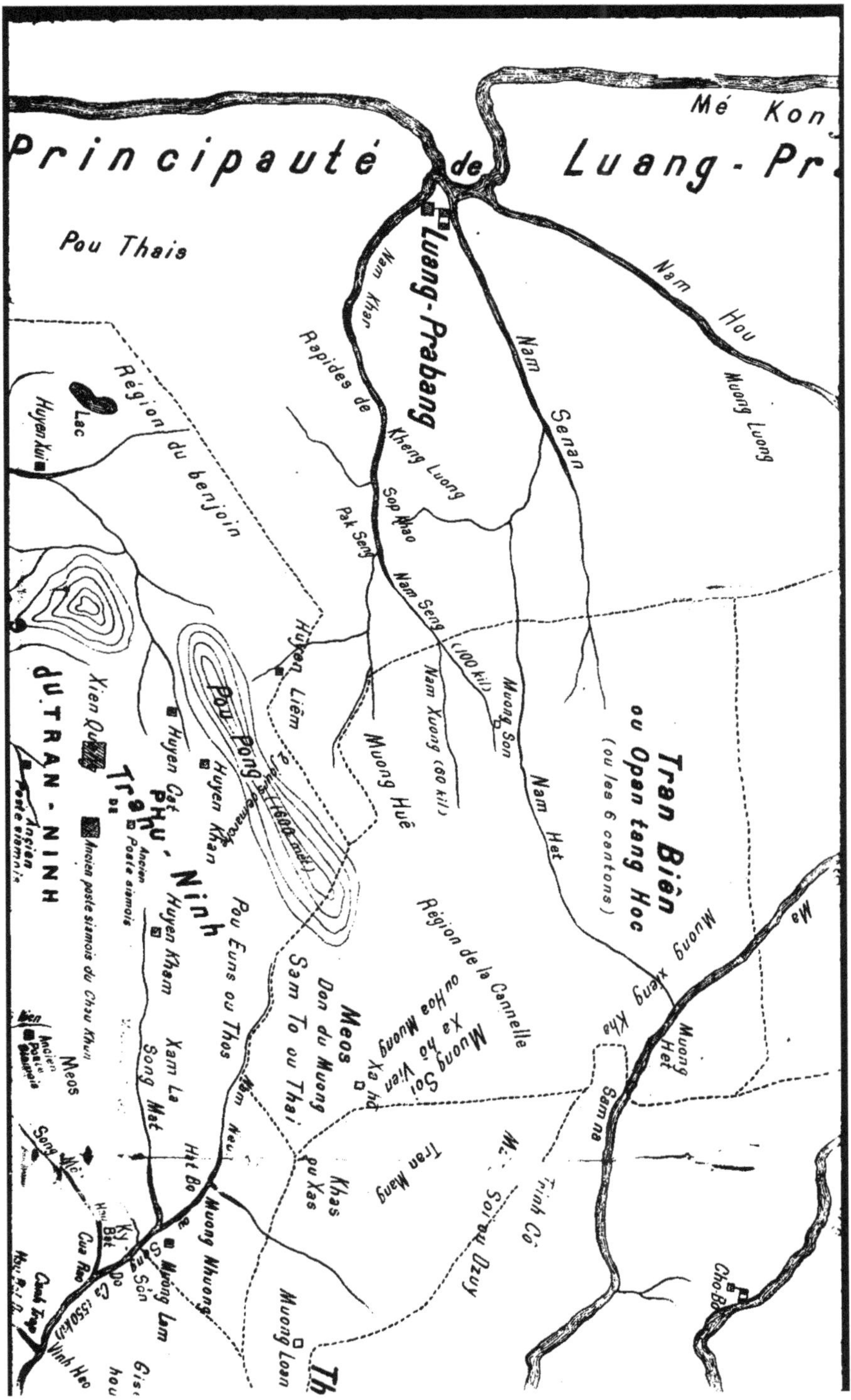

Principauté de Luang-Pr
Mé Kon
Pou Thais
Luang-Prabang
Nam Khan
Nam Hou
Nam Senan
Muong Luong
Rapides de Kheng Luong
Région du benjoin
Lac
Huyen Xui
Sop Khao
Pak Seng
Nam Seng (100 kil)
Huyen Liêm
Pou Pong
Nam Xuong (60 kil)
Muong Son
Muong Huê
Nam Het
Tran Biên ou Opan tang Hoc (ou les 6 centons)
Xien Qu
Huyen Cat
Huyen Khan
du TRAN-NINH
Tran Ninh
PHU NINH
Ancien poste siamois
Ancien poste siamois du Chau Khun
Huyen Kham
Pou Euns ou Thos
Région de la Cannelle
Muong Xang Kha
Ma
Muong Het
Meos
Don du Muong
Sam To ou Thai
Muong Soi Vien Xa hô
Xam La
Song Mat
Nam Neu
Hat Bo
Sam na
Song Mé
Khas ou Xas
Tran Mang
Trinh Cô
Sorou Dzuy
Muong Nhuong
Muong Lam
Muong Loan
Cho Bo
Vinh Heo
Cua Rao
Ky Bat
Th

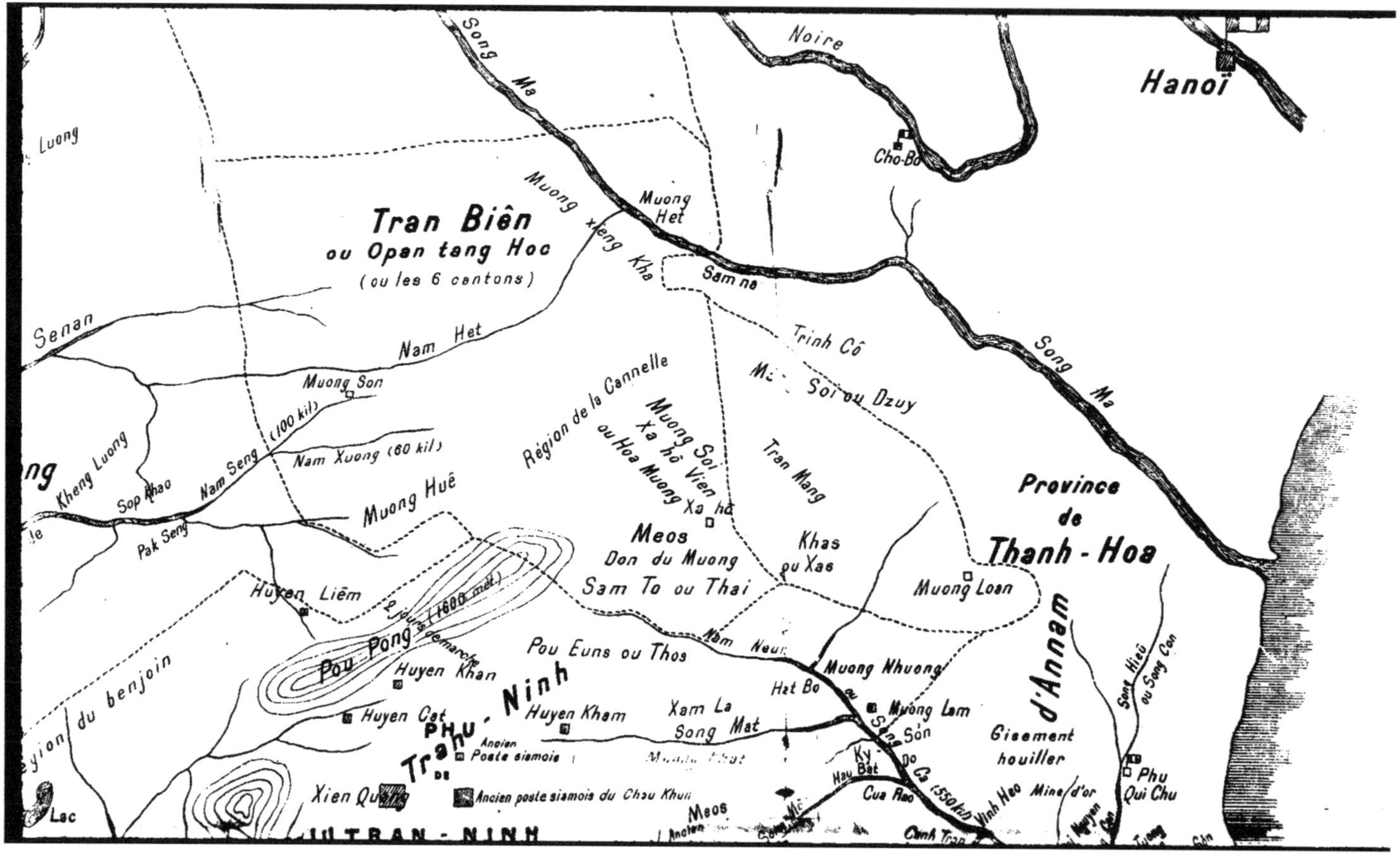

Hanoï
Noire
Cho-Bo
Song Ma
Luong
Tran Biên
ou Opan tang Hoc
(ou les 6 cantons)
Muong xieng Kha
Muong Het
Sam na
Senan
Nam Het
Muong Son
Nam Seng (100 kil)
Nam Xuong (60 kil)
Kheng Luong
Sop Khao
Pak Seng
Muong Huê
Région de la Cannelle
Muong Soi
Xa hô Vien
ou Hoa Muong
Xa hô
Trinh Cô
Soi ou Dzuy
Tran Mang
Meos
Don du Muong
Sam To ou Thai
Khas
ou Xas
Muong Loan
Province
de
Thanh-Hoa
d'Annam
Huyen Liêm
Pou Pong
(1600 mèt.)
Pou Euns ou Thos
Nam Neun
Muong Nhuong
Huyen Khan
Huyen Cat
Huyen Kham
Xam La
Song Mat
Het Bo
Muong Lam
Song Ca (550 kil)
Do Sôn
Gisement
houiller
Mine d'or
Vinh Heo
PHU
Tranh-Ninh
Ancien
Poste siamois
Ancien poste siamois du Chau Khun
Xien Quang
Hau Bat
Cua Rao
Song Hieû
ou Song Con
Phu
Qui Chu
Lac
egion du benjoin
TRAN-NINH
Meos

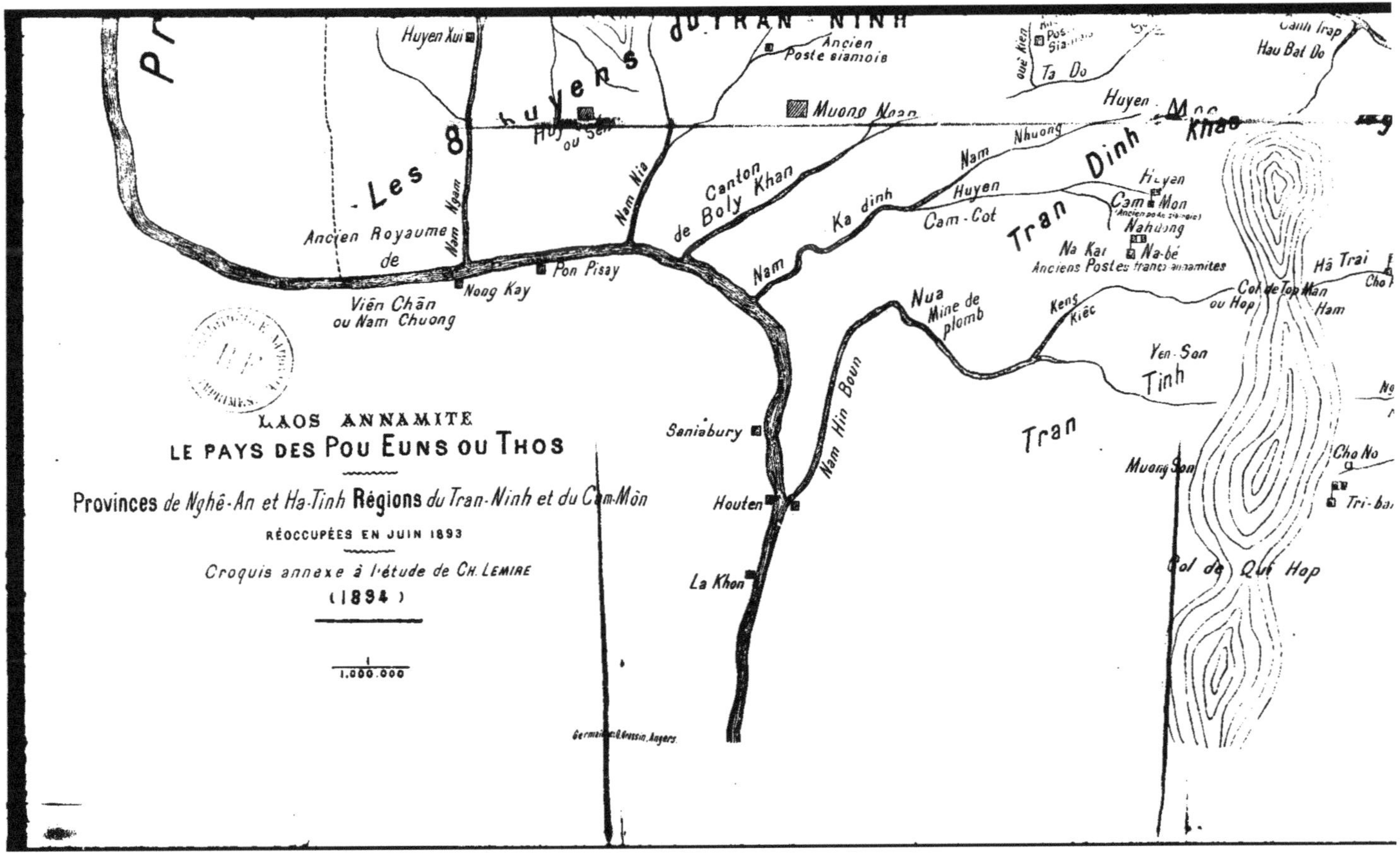
LAOS ANNAMITE
LE PAYS DES POU EUNS OU THOS
Provinces de Nghê-An et Ha-Tinh Régions du Tran-Ninh et du Cam-Môn
RÉOCCUPÉES EN JUIN 1893
Croquis annexe à l'étude de CH. LEMIRE
(1894)
1/1.000.000
Les 8 huyens du TRAN NINH
Ancien Royaume de Viên Chăn ou Nam Chuong
Huyen Xui
Nam Ngam
Nong Kay
Pon Pisay
ou Sen
Nam Nia
Canton de Boly Khan
Ancien Poste siamois
Muong Ngan
Nam Ka dinh
Nam Nhuong
Huyen Cam-Cot
Tran Dinh
Huyen Cam Mon
Nahuong
Na Kai
Na-bé
Anciens Postes franco-annamites
Ta Do
Hau Bat Do
Nua Mine de plomb
Kens Kiêc
Col de Top Man ou Hop
Hã Trai
Ham
Yen-Son Tinh
Tran
Saniabury
Houten
La Khon
Nam Hin Boun
Muong Son
Col de Qui Hop
Cho No
Germain et G. Grassin, Angers.

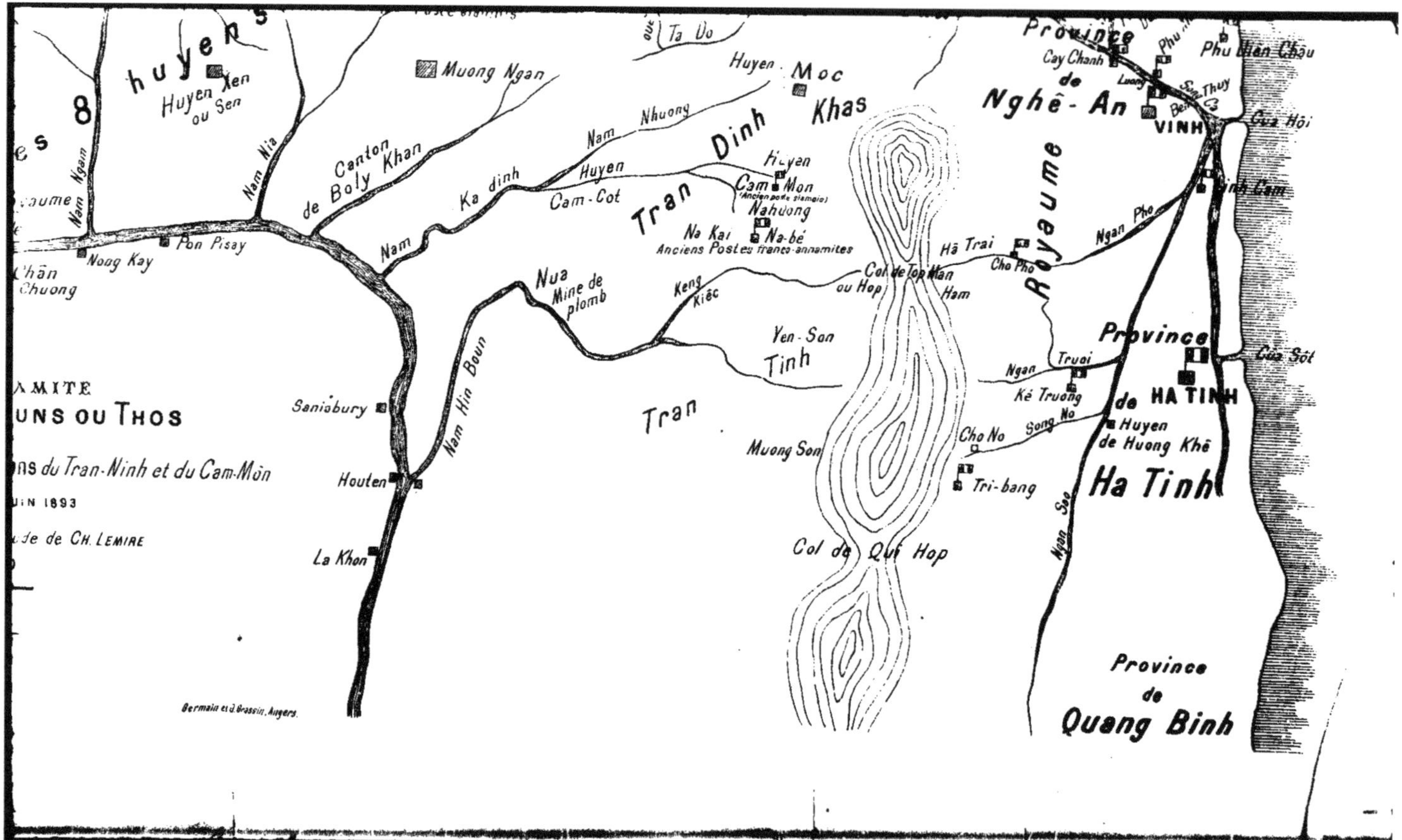
huyens
Huyen Xen ou Sen
8
Nam Ngam
Nam Nia
Nong Kay
Pon Pisay
Canton de Boly Khan
Muong Ngan
Ta Do
Huyen Moc
Nam Nhuong
Nam Ka dinh
Huyen Cam-Cot
Tran Dinh Khas
Huyen
Cam Mon
(Ancien poste siamois)
Nahdong
Na Kai
Na-bé
Anciens Postes franco-annamites
Nua
Mine de plomb
Keng Kiëc
Col de Top Man ou Hop
Yen-San Tinh
Tran
Muong Son
Col de Qui Hop
Hã Trai
Cho Pho
Ham
Royaume
Ngan Pho
Province de Nghê-An
Cay Chanh
VINH
Cua Hôi
Phu Dien Châu
Province de HA TINH
Ngan Truoi
Kê Truong
Song No
Cho No
Tri-bang
Huyen de Huong Khê
Ha Tinh
Ngan Sao
Cua Sôt
Province de Quang Binh
Saniabury
Nam Hin Boun
Houten
La Khon
AMITE
UNS OU THOS
ns du Tran-Ninh et du Cam-Mon
UIN 1893
de de CH. LEMIRE
Bermain et G. Grassin, Angers.

qui fut ensuite expédié auprès du roi de Siam pour lui apprendre le désastre. Voilà ce qu'étaient les prétendus protecteurs siamois. Ils revinrent après le départ des bandes chinoises s'imposer à Luang-Prabang.

Postes siamois au Tran-Ninh. — Pendant que les Chinois étaient retenus ailleurs, que les Annamites étaient en pleine révolte, que le Tonkin était encore livré aux troubles qui le désolaient depuis juin 1873, les Siamois, qui avaient envahi la rive droite du Mékong, de 1830 à 1840, revinrent dans la région de la rive gauche en 1883. Ils poussèrent jusque dans le Tran-Ninh, dans le Cam-Mon et le Cam-Côt, sous prétexte de protéger les habitants, mais en réalité pour les opprimer et les enlever. Le chef siamois, le Chau-Khun-Lac, vint avec des soldats s'établir à Xien-Quang (Muong-Ngan), chef-lieu du Tran-Ninh. Ils installèrent des postes et plantèrent des poteaux indiquant les frontières qu'ils usurpaient.

Le frère du roi de Siam à Nong-Kay. — En 1886, en vue d'occuper plus fortement la région du Cam-Môn et du Cam-Côt, dépendant du Hatinh, un frère du roi de Siam, Prea Chau-Ba-Chat, vint s'établir à Nong-Kay. Il avait une troupe siamoise, quelques annamites recrutés au Siam, des canons et des éléphants. Les Siamois réquisitionnaient des corvées, des fournitures, de l'argent, des impôts et disaient que ces pays étaient passés au roi de Siam. Après avoir augmenté les postes militaires dans ces deux régions et dans le Tran-Ninh, le frère du roi repartit pour Bangkok. En 1887, ils emmenèrent à Bangkok le chef du Tran-Ninh, Chau-Khan-Ti, et plusieurs autres chefs de sa famille qui sont presque tous morts au Siam. L'annexion au Siam commençait. Sept mille habitants avaient été emmenés au Siam par ordre du frère du roi de Siam établi à Nong-Kay. Le Chau-on-Kiêu avait succédé à son frère le Chau-Khan-Ti; mais le frère du roi de Siam fit déporter à Bangkok le huyen de Kham, Thao-Nga, son fils aîné et ses neveux.

Cha-Than ou Tha-Phan, son fils cadet, évalue à plus de 20.000 âmes la population enlevée par le Siam. Le traité de 1893 stipule que ces populations, ces notables, les chefs détenus à Bangkok, seront renvoyés dans leurs territoires de la rive gauche. Les Siamois cherchent à nous donner le change et à éluder cette clause en prétendant que ces chefs ont disparu, que la population déportée sur la rive droite ne compte que quelques individus. C'est par milliers que nos protégés doivent être réintégrés dans leur pays d'origine et nous devons y tenir la main.

Certaines tribus Xas avaient fait par peur bande commune avec les Chinois, à la suite des dissensions entre les Xas et les Pou-Euns. Mais le gouvernement annamite, en donnant à ces peuplades des terres cultivables, a fait cesser tout motif de trouble.

Conséquences de ces invasions. — Les populations Pou-Euns ont donc eu à subir les vexations des Xas, luttant pour acquérir un territoire cultivable, le pillage des bandes chinoises (Hôs), restes de pavillons noirs et de pirates de profession ; puis les réquisitions des rebelles annamites ; puis l'oppression des Siamois ; puis les exactions de certains mandarins annamites lors de la révolte. Ceux-ci pensaient que ces populations qu'ils doivent protéger sont taillables et corvéables à merci. Les habitants trouvaient que le moindre de leurs maux eût été de payer l'impôt à la fois au Siam et à l'Annam ; mais les Siamois emmenaient les chefs et les notables au Siam, enlevaient les femmes et les enfants de ceux qui refusaient de se soumettre à eux, déportaient en masse la population des villages, décapitaient ou fusillaient ceux qui se montraient favorables aux Français.

De même, dans ces trois dernières années, un grand nombre de Cambodgiens ont émigré au Siam et au Laos. Il y a déjà au Siam un million de Cambodgiens, et ce royaume, qui a accaparé de force plus de vingt mille Annamites, protégés français, prétend dominer un million de Laotiens.

Cette nouvelle hégémonie siamoise se compose de 3.400.000 étrangers contre 1.600.000 nationaux seulement. Il est urgent d'enrayer cette tactique qui ne lui a que trop réussi depuis un siècle. Comme la germanisation en Europe, c'est l'annexion et la transportation en masse de peuplades incapables de se défendre et qu'on *siamisait* aux dépens des royaumes voisins. Non seulement nous devons empêcher cette émigration cambodgienne, et nous ne pouvons plus tolérer les enlèvements, mais il faut faire ramener les habitants des territoires recouvrés et faire revenir les notables emmenés jadis au Siam. Quant aux Annamites et sujets annamites qui sont restés de gré ou de force au Siam, ils doivent être placés de droit sous la protection du consul de France à Bangkok, ainsi qu'il est prévu par le traité de 1884, dont l'application rigoureuse doit être poursuivie. La question intéresse 20.000 de nos protégés et vaut donc la peine d'être réglée en ce sens.

En somme, cette petite nation siamoise a fait audacieusement en Annam, en pleine paix, ce que les Chinois faisaient contre nous au Tonkin pendant la guerre. Les Siamois avaient oublié que la Chine a été châtiée.

« Deux malheurs pour le pays, que ces Hôs et ces Siamois, disait un vieux mandarin du roi de Luang-Prabang à M. Pavie, en 1888. Ils prenaient tout dans les cases et les brûlaient. Ils emmenaient les femmes et les filles.

« Près de vous, Français, nous, Laotiens, nous nous asseyons à l'aise et contents. Près des Siamois, nous sommes craintifs, sombres, tremblants.

« Cependant nous vous savons forts, et eux sont-ils plus forts que nous ? Quand je vous parle, vous rêvez.... Pourquoi ne dites-vous rien ? » C'est parce qu'aucune décision n'était prise et que la nation protectrice continuait, malgré ces plaintes et ces appels si pressants, à faire la sourde oreille. Il devait en être ainsi jusqu'en 1893, alors que les audaces siamoises eurent dépassé toutes les bornes.

Premiers postes français. — Dès que nos postes eurent été établis à l'entrée de cette région (1888), les habitants des Muongs nous considérèrent comme des sauveurs. Ils nous demandèrent de les débarrasser des bandes chinoises et nous y aidèrent; puis ils nous supplièrent de refouler les envahisseurs siamois et de rétablir l'autorité régulière annamite dans leur pays, rendu à la sécurité et aux relations commerciales avec l'Annam-Tonkin.

On voit combien la marche en avant et l'établissement de notre supprématie est chose ardue, délicate, difficile et de longue haleine. Là où il fallait de l'esprit de suite et de la persévérance opiniâtre, on a trop souvent changé nos agents. Pendant que la mort fauchait, en six ans, six rois d'Annam, *quinze* Résidents généraux et Gouverneurs se succédaient en cinq ans en Indo-Chine, de 1883 à 1888. Les questions extérieures étaient ajournées et nos rivaux en profitaient[1].

Importance des routes du Mékong au Tonkin et en Annam. — Les routes commerciales du Mékong, en Chine d'une part et à la mer d'autre part, ont été de tout temps jugées si importantes, qu'avant 1820 les Birmans avaient fondé sur un affluent de droite de ce grand fleuve quelques établissements en vue de se rapprocher du fleuve Rouge. L'anglais Gibson, ambassadeur de Birmanie, à Hué[2], proposa une route d'Ava au Tonkin. La distance était de 100 lieues d'Ava au Mékong, et de 70 lieues de là à Hanoï. On avait à traverser la Salwen, l'Iraouaddy, le Mé-Nam et le Mékong.

« Les Birmans renouvelèrent leurs propositions à Hué en 1823. Mais les Siamois firent évacuer les établissements birmans en 1824, après la guerre entre les Birmans et les Anglais. En outre, ils poussèrent les Laotiens de la rive

[1] Voir : *Les frontières de l'Annam-Tonkin* (1889).

[2] *Relations du Siam avec l'Annam*, par Ch. Lemire. — Paris, Challamel, 1879.

gauche du Mékong à s'opposer à cette entreprise qui aurait réuni la Birmanie, le Siam, le Cambodge, l'Annam, le Tonkin et la Chine. Il nous était réservé d'entreprendre, 70 ans plus tard, de relier le Mékong au fleuve Rouge et à Hanoï.

En 1888 (*février*), la voie du Mékong (Luang-Prabang) à Hanoï, a été reconnue sur la rive droite de la Rivière-Noire. Il y a, du Mékong à Dien-Bien-Phu, douze jours; de là à Laï-Châu, cinq jours; de Laï-Châu à Viet Tri et à Hanoï, dix jours, total vingt-sept jours.

Organisation du protectorat. — La mission Pavie nous a ouvert ces régions où nous devions, disait-il, pénétrer en *explorateurs*, rester en *observateurs*, et, quand les Siamois auront, de gré ou de force, évacué la rive gauche du Mékong, nous établir en *protecteurs*.

C'est ce que nous avons fait, et, comme nous l'avions prévu, il n'a pas fallu pour cela d'expéditions onéreuses. Un petit nombre de miliciens a suffi.

Que demandent, en effet, ces districts? La sécurité et le maintien de leur régime.

Nous devons leur assurer la paix d'abord, puis nous utiliserons leurs propres moyens. Si nous négligions de le faire, ce pays redeviendrait la retraite de rebelles ou de brigands, ou de nos ennemis extérieurs.

Plus tard il se défendra lui-même sans que nous y laissions de fortes garnisons. On emploiera les hommes de chaque région, organisés sur place, sans grosses dépenses, sans corvées insupportables et onéreuses. Le Tran-Ninh n'avait autrefois qu'un seul chef héréditaire. Rétablissons-le avec un agent français auprès de lui. Donnons à ce pays une organisation autonome sous la dépendance nominale du protectorat, afin de préparer notre influence, puis notre domination sur le bassin du Mékong, c'est-à-dire jusqu'à la Chine.

Voyage de MM. Pavie, Vacle et Cupet. — Le consul Pavie et M. Vacle, commerçant, partis de Luang-Prabang le 15 février 1889 et de Hôuten (Mékong) le 15 mars, étaient arrivés à Vinh par Cam-Môn et Cam-Côt. M. Pavie a reconnu qu'on venait du grand fleuve à Vinh en 6 jours de barque et 3 jours d'éléphants, par le In-Boun, la Vallée du Nam-Ka-Dinh et le Ngan-Phô.

Les gens de La-Khon et de Houten viennent par le Nam-In-Boun jusqu'au Keng-Kiêc, et de là, à éléphant, en traversant le Nam-Ka-Dinh jusqu'au Ngan-Phô.

Les gens de Keng-Kiêc portent à Vinh des cornes de buffles, peaux, étoffes, et rapportent de la soie, des marmites en cuivre et en fer. Il se fait aussi des échanges entre Vinh et Nong-Kay; les buffles valent 15 piastres la paire (50 fr.).

Du Ngan-Phô au Keng-Kiêc, les éléphants sont loués dix ligatures et portent au plus deux piculs chacun, soit 120 kilogrammes. Les marchands mettent quinze jours, aller et retour.

En somme, de La-Khon à Vinh par le Nam-In-Boun, le Nam-Ka-Dinh et le Ngan-Phô, existe une route commerciale facile, suivie par les marchands annamites et étudiée par M. Macey, l'agent du Syndicat du Haut-Laos.

M. Pavie, en traversant le Cam-Môn et le Cam-Côt, régions des Pou-Euns du Hatinh, où les Siamois avaient mis depuis deux ans et demi une faible garnison, fit reculer les poteaux que les Siamois avaient établis comme frontière. Ceux-ci faisaient payer l'impôt à cette région. Il fut convenu, en mars 1889, avec les Siamois, que des deux côtés on observerait le *statu quo* jusqu'au règlement du litige entre les deux gouvernements. Nous ne sommes que trop restés fidèles à cette convention dont les Siamois ne tinrent aucun compte. Ils poursuivirent leurs empiètements jusqu'aux premiers mois de 1893 où le conflit éclata. Il fallut intervenir et les expulser.

Un poste français avait été établi en 1888 à Na-Huong, près de Na-Bé, à côté du poste des Siamois, puis reporté

8 kilomètres plus loin, à Nakai, dans un ancien fortin annamite.

Les Siamois, grâce à M. Pavie et à notre nouveau poste de Na-Kai, refoulés du col de Top-Man (ou Hop-Ham), se rabattirent aussitôt sur le col de Qui-Hop, ouvrant un passage de La-Khon à Vinh. Les habitants firent en même temps appel à nos postes de Tri-Ban et de Hatinh.

De son côté, M. le capitaine Cupet partait le 13 janvier 1889 de Luang-Prabang par le Nam-Khan, qu'il remontait pendant 200 kilomètres, en 11 jours, après avoir franchi les rapides de Kheng-Luong. Il gagne ensuite le Nam-Seng, navigable pendant 100 kilomètres, et atteint Muong-Song, l'un des districts du Tran-Biên (Opan-Tân-Hoc). Ce pays était alors sous la coupe du Siam qui maintenait à Muong-Son un officier siamois avec une assez forte garnison. Le capitaine Cupet remonte le Nam-Luong et explore la région ouest du Tran-Biên qui abonde en benjoin. En deux jours on franchit le plateau, haut de 1.600 mètres, qui sépare les deux bassins, et l'on arrive à Dong-Xa, sur le Song-Ca, que l'on descend jusqu'au Song-Mô qui pénètre en Tran-Ninh.

M. Cupet en visita le chef-lieu, Xien-Quang, ainsi que Muong-Ngan, où le docteur Neis était arrivé en 1883 sans pouvoir aller plus loin, les Siamois et les Hôs lui ayant barré la route. Le 7 avril, le capitaine était à Vinh.

Le trajet de Luang-Prabang à Vinh peut être fait en vingt jours, dont quinze à pied et cinq en barque; on passe par Xien-Quang et l'on atteint Ta-Do, sur le Song-Mô. On réduit beaucoup le trajet en allant par terre à Xieng-Kham et en prenant le Song-Mat, affluent de droite du Song-Ca.

Xieng-Kham n'est qu'à trois jours de marche du Nam-Khan, qui mène à Luang-Prabang.

L'état-major de la division, coordonnant les relevés de la mission Pavie, a dressé une carte de ces vastes territoires. L'œuvre considérable de cette importante mission est en cours de publication à Paris. La grande carte a paru en 1893.

C'est à la France, qui les a fait connaître et pacifiées, qu'il appartenait d'établir sans conteste sa bienfaisante influence dans ces régions.

Les Siamois n'ont pas eu à attendre des ordres de Bangkok pour évacuer les points qu'ils occupaient à l'ouest des provinces du Nghé-An et du Hatinh. Ces points avaient été judicieusement choisis sur la route qui mène du Mékong en Annam, de Houten à Hatinh, de Luang-Prabang à Vinh. On conçoit, dès lors, quelle était l'importance pour nos intérêts de nous assurer de ces voies politiques et commerciales, de les fermer aux bandes armées, chinoises ou siamoises, et de les ouvrir aux marchands. Ce but, nous l'avons atteint, il faut le poursuivre jusqu'au bout avec une sage persévérance.

Évacuation des Hôs. — Quant aux Hôs, les Siamois voulaient faire revenir ces Chinois dans le Tran-Ninh et leur concéder des terres. Sur trois des chefs chinois, un fut tué en 1888 par nos troupes, un par le bam-biên muong Tha-Phan, dont la famille avait été enlevée par les Siamois; le troisième a échappé et s'est retiré avec sa bande à Luang-Prabang. Il a disparu depuis; mais l'un de ses chefs fut tué et sa bande détruite en juin 1889 lorsqu'elle voulut revenir sur le Song-Ca. Le R. P. Pédemont fut tué dans l'expédition faite en novembre 1888, au début de cette chasse aux Chinois.

Ces Chinois, au nombre de plusieurs centaines, en armes, avec femmes et enfants, se sont retirés en Yunnam, d'où ils étaient venus, et le pays, depuis le mois de mai 1889, est débarrassé d'eux. Les habitants terrorisés sont revenus dans leurs villages. Cet excellent résultat est dû au commandant Pennequin qui a su rendre à ce pays son autonomie et la paix.

L'ensemble des communications avec l'Indo-Chine française. — Le colonel Laurent écrivait de Hanoï, en 1887, sur l'ensemble et l'avenir de ces régions, l'exposé suivant :

« Le Tonkin est comme un coin qui pénètre dans l'angle de l'Asie continentale et de la péninsule indo-chinoise, donnant par sa position l'accès direct dans le Yunnam, prenant à revers la Chine du sud vers le nord, et l'Indo-Chine vers le sud.

Position admirable à tous les points de vue, aussi bien au point de vue commercial qu'au point de vue politique et au point de vue militaire. Ce pays, devenu un vaste établissement européen, sera puissant par lui-même, et pèsera d'un grand poids sur les régions voisines qui ne pourront se soustraire à son influence. Si l'on étudie, en effet, une carte générale de l'Asie orientale, on voit que l'un des côtés rapproche certains points du littoral de quelques places principales de l'Indo-Chine et de la Chine du sud, de façon à attirer inévitablement le mouvement de l'intérieur vers la mer de ce côté. Le Song-Giang, fleuve de Dong-Hoi, province du Quang-Binh (Annam), est à 45 lieues de La-Khon, un des points principaux du Laos sur le Mékong. Nong-Kay, chef-lieu de ce même Laos, est à 75 lieues du port de Vinh (Annam) ». C'est la route que vient de rouvrir M. Pavie.

« Les Muongs-Pou-Euns, bassin moyen du Mékong ou région de Tran-Ninh, sont à 6 jours de Vinh. Luang-Prabang, clef stratégique et politique de toute la presqu'île indo-chinoise, est à 100 lieues de Vinh. C'est la route qui a été parcourue par M. Cupet. — Alevy (Xieng-Hong) centre politique et commercial du Laos Birman indépendant ; Poueurl, un des entrepôts du Yunnam, marché du meilleur thé et de l'opium ; Linh-Ngan, centre de la production métallurgique du Yunnam, tout l'ouest du Kouang-Si, ont leur débouché vers la mer par le Tonkin ; enfin l'importante et populeuse province de Tai-Ping est à 120 kilomètres de la baie d'Along et écoulait par là jadis ses produits. Quand on cherche à voir si ces divers points pourraient essayer de se relier à la mer par d'autres voies, on s'aperçoit bien vite qu'ils ne peuvent y songer. Dans toute autre direction, la mer est à des distances deux à quatre fois plus grandes. Le despotisme des cours orientales et l'exclusivisme des anglo-siamois lutteront certainement pour empêcher le courant commercial de se détourner vers des points étrangers ; mais cette lutte ne saurait se soutenir longtemps, car elle aura pour adversaires la propagation des idées libérales et les intérêts commerciaux qui, tôt ou tard, renversent ce qui les gêne. »

Les tribus de cette région ont été depuis dix-sept ans maintenues dans ces contrées délaissées de tout gouvernant comme une barrière entre la Chine et le reste du monde.

Ces voies de communication naturelle nous étaient fermées, nous les avons rouvertes et nous avons appris à les mieux connaître ; nous les améliorerons et nous en tirerons de grands avantages politiques et commerciaux.

M. Le Myre de Villers prévoyait parfaitement le but où nous devions tendre, et il voulait y arriver par les moyens pacifiques mais persévérants qu'il appelait si bien « faire la tache d'huile ».

Prévisions des traités au sujet de ces populations. — En formulant le traité de 1883, avec l'Annam, M. Harmand avait déjà en vue nos relations avec les peuples du Laos. Il repoussait déjà l'appellation de *sauvages*, traduite de l'annamite par les premiers missionnaires et conservée à tort dans le bassin du Bia et autres vallées, alors que plusieurs peuplades, Pou-Euns, surtout, ont les mœurs douces et honnêtes qu'ils doivent à l'observation du boudhisme indou, si différent du boudhisme sino-annamite.

« Il ne faut pas, disait-il, négliger l'appoint que ces populations malheureuses, mais énergiques, pourront nous fournir, étant sous notre protection, lorsque arrivera le moment de tourner nos regards vers la grande vallée du Mékong. »

Or, ce moment est venu. La mission de Lagrée-Garnier en eut l'initiative. La mission Pavie a été chargée de l'application et personne n'est plus compétent en la matière que notre ministre à Bankok.

Quand M. Harmand quitta Bangok en 1883, après avoir instruit le département des affaires étrangères de la situation des frontières entre l'Annam et le Siam, il se préoccupait de la revendication des frontières occidentales de l'Annam, envahies par les Siamois. « Nous attendrons sans doute longtemps, se disait-il, cette rectification. » Et, en effet, nous l'avons attendue jusqu'en octobre 1893.

Nos devoirs et nos droits dans ces régions. — Cependant, par le traité de 1884, la France considère les Annamites et les peuplades de l'Annam comme ses protégés en tous lieux, au dedans comme au dehors. Envers les colonies annamites du Mékong, de La-Khon, de Houten, du Laos, nous avons des devoirs et des droits. Ces noyaux de population deviendront, dit M. Harmand, des centres puissants dès qu'ils seront assurés d'une protection efficace. Ces centres se développeront au milieu de ces belles plaines dépeuplées du Laos annamite. Ces colonies ressortissent à notre protectorat comme les régions du Tran-Ninh, du Cam-Mon et du Cam-Cot, des Méos, des Xas, etc. Toutes celles-ci nous demandent d'agir en leur faveur et se réclament de nous. Nous devons aller à elles.

« Du côté de Luang-Prabang, la question de frontières si indécise, une fois réglée à notre avantage, préparerait notre action sur ce royaume si important et destiné, pour peu que nous voulions en prendre la peine, à arrêter l'expansion de l'influence anglaise sur des territoires qui doivent être un jour français. »

C'est l'influence anglaise, siamoise et chinoise qu'il s'agissait de devancer. Notre protectorat étant reconnu sur cette principauté, nous avons fait déjà un grand pas ; mais il faut aller jusqu'au bout et ne pas abandonner à l'Angleterre, sous prétexte d'État-tampon, les États Shans du bassin du Haut-Mékong, objet des réserves de la France en 1884. Il suffit, en s'appuyant sur le passé de ces régions, sur leurs annales, leur état politique, ancien et récent, et sur leur situation géographique, de considérer qu'elles font partie intégrante de l'Indo-Chine française.

Ensemble des territoires de l'Indo-Chine française. — Un simple exposé géographique nous montre l'union indo-chinoise formant un tout compact, borné par des limites naturelles qui sont : la mer d'Annam, au sud et à l'est ; le grand fleuve Mékong, du sud-ouest au nord ; la frontière de Chine au nord. Est-il un pays mieux défini, mieux gardé, mieux doué ? Le long de ce parallélogramme qui forme l'Indo-Chine française, nous n'avons que deux voisins à l'ouest : le Siam et la Birmanie devenue anglaise et un voisin au nord, la Chine. Le Siam indépendant, voilà le véritable et le seul État-tampon qui doive exister entre nous et la Birmanie. En outre le Cambodge et son grand fleuve s'étendent du sud-ouest au nord. La mer baigne deux côtés, le sud et l'est. Il ne reste que la frontière chinoise à garder.

Routes et ports. — Sur le Mékong, il n'est besoin que de stations commerciales. Sur la côte d'Annam, les ports sont à la fois des entrepôts commerciaux et des centres de défense appuyés sur l'arsenal de Saïgon. Ces entrepôts sont : 1° Xuan-Day et Qui-Nhon ; 2° Tourane et Fai-Fô ; 3° Vinh et Hatinh ; 4° Haï-Phong et Hanoï. Ils sont reliés aux centres du Mékong par des voies navigables et des chemins praticables : 1° à Stung-Treng ; 2° à Bassac ; 3° à La-Khon, Houten et Non-Kay ; 4° à Luang-Prabang, routes reconnues par la mission Pavie et ses collaborateurs.

Avenir commercial et défense militaire. — De Haï-Phong et Hanoï vers la Chine, la voie du fleuve rouge est ouverte par Lao-Kay. Le chemin de fer va se terminer jusqu'à Lang-Son, à la fin de la présente année.

Voilà donc un quadrilatère de 52.000.000 d'hectares presque aussi grand que la France, renfermant 5.000.000 d'Annamites, 15.000.000 de Tonkinois, 2.000.000 de Cochinchinois, 1.000.000 de Cambodgiens, 4.000.000 de Kiams, Moïs, Laotiens, peuplades des Muongs, soit 27,000.000 d'habitants.

Ils sont desservis par des voies transversales, par des fleuves, « routes qui marchent », défendus par des postes, par des forces militaires et maritimes, dans les citadelles et dans les rades et ports.

Un droit léger de douane resterait établi sur les produits étrangers, venant presque exclusivement de Chine, sans similaires en Europe, indispensables à la consommation quotidienne de la population. Un droit protecteur favoriserait les produits de nos nationaux. De la sorte nous nous assurerions le monopole du trafic avec ces 27.000.000 d'hommes. Les tarifs minimes de transit et le léger tarif des produits non similaires développeront les échanges avec le Yunnam, le Quang-Si, le Quang-Toung, ramenant à nous une clientèle de 40.000.000 de Chinois au minimum. Le trafic général sera donc basé sur une population de 67.000.000 de consommateurs et de producteurs.

Conclusions. — La conception de l'Indo-Chine française n'était rationnelle pour le présent comme pour l'avenir qu'en lui donnant ses bornes naturelles, indispensables. Notre parallélogramme doit être fermé. Sur trois de ses côtes la nature le protège au point de vue de la défense militaire, par terre et par eau, de la navigation guerrière et marchande, du commerce extérieur d'importation, du commerce d'exportation et des échanges extérieurs. La diversité des peuplades qui occupent ce parallélogramme, sous notre domination ou notre protectorat, en fait fatalement une République française, une et indivisible, pouvant être administrée à peu de frais. Pour tout esprit soucieux des destinées de l'Indo-Chine française, ce sont là les conditions inéluctables des résultats matériels, politiques, commerciaux et sociaux à en retirer. Ce sont là les voies et moyens indispensables à sa grandeur future et à la prospérité qui lui a été prédite avec une conviction aussi justifiée que consolante et patriotique.

L'évacuation du Tran-Ninh et du Cam-Môn est définitive depuis le traité de Bangkok du 3 octobre 1893. Nous avions déjà forcé les Siamois à se retirer le 24 mai 1893. Le Khâ-Luong (commissaire) de Cam-Môn, nommé Phra-Yot, refusa pendant plusieurs jours de quitter volontairement ce poste et maintenait son pavillon hissé en face du drapeau français. Il fut désarmé par le résident Luce et le poste fut évacué sans résistance. On y trouva quatre-vingts fusils et des armes blanches. Phra-Yot déclara à M. Luce qu'il était résolu à ne pas lutter contre nous et qu'il laisserait les deux gouvernements régler les contestations pendantes. Il fut reconduit vers Houten, sur le Mékong, par l'inspecteur des milices, Grosgurin, officier intelligent et énergique, connaissant une partie du Laos annamite, avec vingt miliciens annamites et un interprète cambodgien. Ils avaient pour mission de protéger le mandarin siamois contre les habitants dont il s'était attiré la haine par ses exactions et sa sévérité.

Arrivé à Keng-Kiêc, M. Grosgurin tomba gravement malade. Phra-Yot avait mandé secrètement de Houten deux cents hommes armés. Ils vinrent, le 2 juin, entourer la maison où Grosgurin était couché et le tuèrent par surprise avec seize de ses hommes et son interprète.

Bien que le fait ait eu lieu en territoire annamite, en pays de protectorat, nous eûmes la condescendance de consentir à ce que les auteurs de cet attentat et de celui de Xieng-Khan soient jugés par les autorités siamoises. Un magistrat de Cochinchine fut envoyé à Bangkok en mars 1894, conformément aux clauses de la convention du 1er octobre dernier, pour assister au jugement et veiller à l'exécution des peines prononcées. Le gouvernement français se réservait le droit d'apprécier si les condamnations étaient suffisantes et, le cas échéant, de réclamer un jugement devant un tribunal mixte, dont il fixerait la composition. Les Siamois essayèrent d'abord de nous imposer un tribunal mixte, composé par leurs soins. Ils se décidèrent enfin à juger Phra-Yot. Le tribunal était présidé par le prince Bidgit, gouverneur d'Ou-Bôn. Le 16 mars, le prévenu, assisté de deux avocats anglais, fut acquitté sur tous les chefs d'accusation !

Il est à présumer que le gouvernement français voudra user du droit qu'il s'est réservé et fera reviser le procès. Le meurtre de notre agent et de nos soldats ne saurait rester impuni.

Quant à l'attentat de Xieng-Khan en Tran-Ninh, il s'agit d'un fonctionnaire (Bam-Biên) et d'une dizaine de notables annamites et des interprètes envoyés dans ce district en 1891 par le résident de France de Vinh, avec des fusils et un pavillon français. Ils furent arrêtés, maltraités, dépouillés et déportés à Bangkok par les Siamois. D'après la récente convention, ils doivent être ramenés par un délégué du ministère siamois des affaires étrangères à la légation de France, ainsi que les armes et le drapeau confisqués par les autorités siamoises.

Or, ce protégé français n'a jamais reparu et les Siamois n'opposent que des réponses dilatoires à nos réclamations.

Le texte de la convention stipule encore ce qui suit : « Le gouvernement siamois devra remettre à la disposition du ministre de France à Bangkok ou des autorités françaises à la frontière, tous les sujets français, annamites, cambodpiens, laotiens, de la rive gauche, détenus à un titre quelconque. *Il ne mettra aucun obstacle au retour sur la rive gauche des anciens habitants de cette région.* » Or, les Siamois prétendent que ces anciens habitants sont en nombre infime, alors qu'on en a déporté des milliers, comme le consul anglais Archer l'a lui-même constaté.

C'est en présence de ces fins réitérées de non recevoir de la part des Siamois que le Parlement anglais se préoccupe si vivement de l'évacuation de Chantaboun par nos troupes. Il serait plus important et plus honorable pour l'Angleterre de faire connaître à l'Europe l'époque où elle compte rendre l'Égypte aux Égyptiens.

Il y aura donc lieu d'insister avec fermeté auprès du Siam pour qu'il renvoie dans leurs districts les chefs et les habitants Pou-Euns qu'ils ont déportés sur la rive droite et qui doivent rentrer dans le Tran-Ninh.

L'organisation de ce pays, conformément à ses mœurs et à ses anciennes coutumes féodales, lui rendra, après de si longues années de misères et d'oppressions, quelque vitalité. En apprenant à connaître les Pou-Euns, nous apprendrons à les administrer. Le Protectorat trouvera parmi ces populations honnêtes et douces les moyens de mettre en valeur les territoires fertiles qui nous ont été restitués et qui prolongent notre domaine depuis le littoral de l'Annam jusqu'au bassin du Mékong.

La carte d'ensemble, jointe à cette étude, montrera quelle est dans ce domaine la place occupée par le pays des Tiêms, des Moïs et des Pou-Euns, et comment les ports de la mer d'Annam se rattachent aux principaux centres de trafic sur le Mékong où flottent actuellement les couleurs françaises.

R.F. IMPRIMÉS

Annexe à

M

lo-Condore

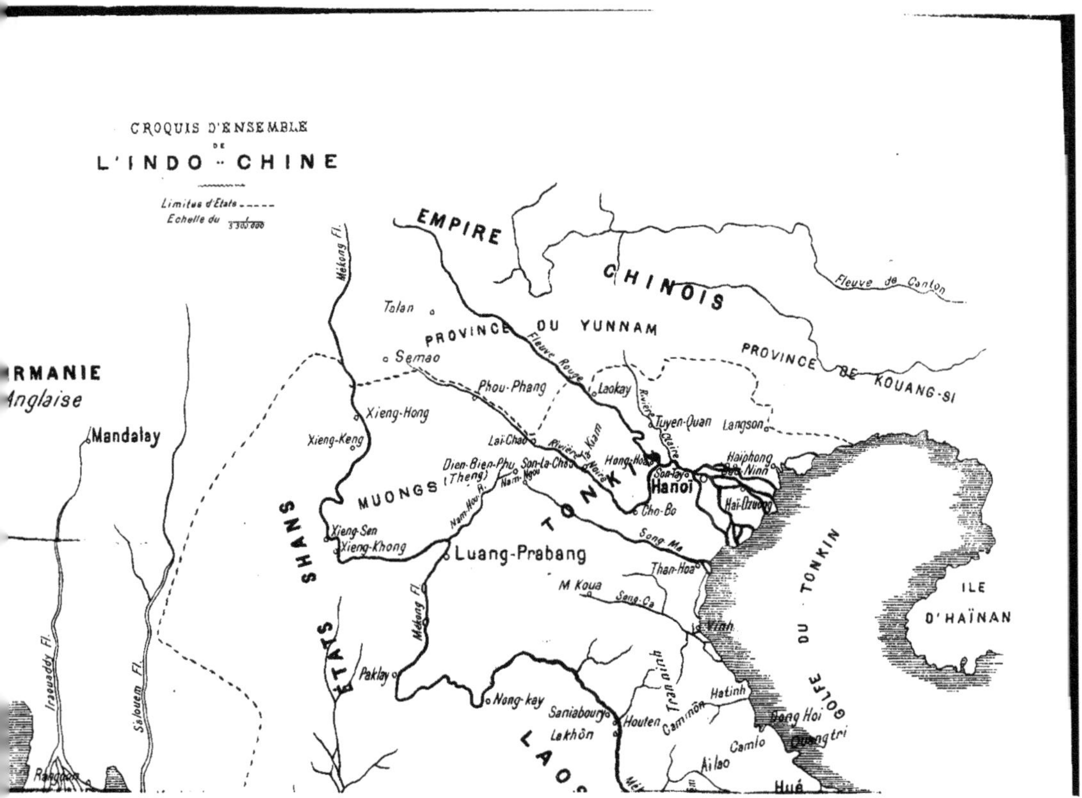
CROQUIS D'ENSEMBLE
DE
L'INDO-CHINE
Limites d'États
Echelle du
EMPIRE
CHINOIS
PROVINCE DU YUNNAM
PROVINCE DE KOUANG-SI
Fleuve de Canton
Fleuve Rouge
Rivière Claire
Rivière Noire
Mékong Fl.
Tolan
Semao
Phou-Phang
Laokay
Tuyen-Quan
Langson
Xieng-Hong
Xieng-Keng
Lai-Chau
Hong-Hoa
Haiphong
Bac-Ninh
Son-Tay
Hanoi
Hai-Dzuong
Dien-Bien-Phu
(Theng)
Son-La-Chau
Nam-Ngou
Nam-Hou R.
MUONGS
TONKIN
Cho-Bo
Song Ma
Than-Hoa
Xieng-Sen
Xieng-Khong
Luang-Prabang
M Koua
Song-Ca
Vinh
SHANS
ÉTATS
Paklay
Nong-kay
Saniabouri
Lakhôn
Houten
Caminon
Hatinh
Dong Hoi
Quangtri
Camlo
Ai lao
Hué
LAOS
GOLFE DU TONKIN
ILE D'HAÏNAN
RMANIE
nglaise
Mandalay
Iraouaddy Fl.
Salouem Fl.
Rangoon

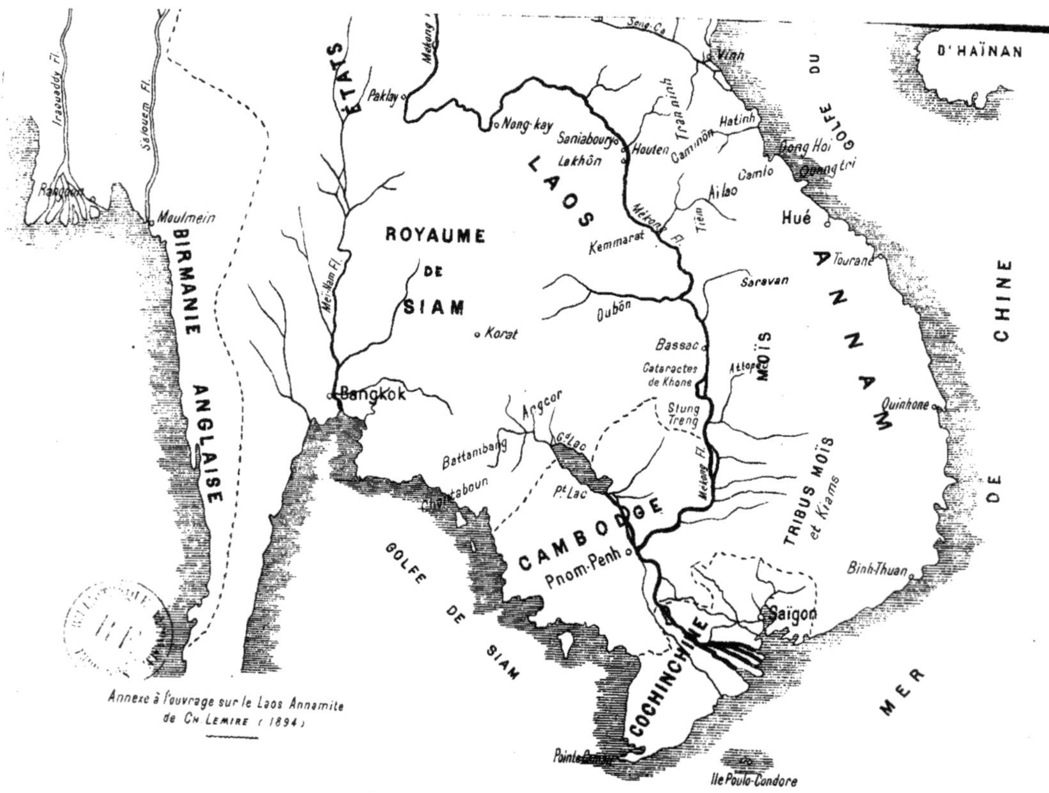

Annexe à l'ouvrage sur le Laos Annamite
de Ch Lemire (1894)

APPENDICE

Le Traité et la Convention du 3 octobre 1893 avec le Siam

Le dimanche 1er octobre ont été signés à Bangkok, par les plénipotentiaires français et siamois, le traité et la convention sanctionnant les clauses de l'ultimatum et les garanties complémentaires telles que le Siam les avait déjà acceptées et en réglant l'exécution.

Les parties contractantes y prévoient l'établissement prochain d'un régime douanier plus favorable aux relations commerciales entre nos possessions et les territoires limitrophes.

Le gouvernement siamois s'engage à assurer toutes les facilités nécessaires aux travaux que la navigation du Mékong rendrait nécessaires sur la rive droite du fleuve.

La France continuera à occuper Chantaboun jusqu'à la complète exécution des stipulations et, notamment, jusqu'à l'évacuation pacifique de la rive gauche du Mékong par les Siamois.

Les avantages résultant de ce traité donnent satisfaction aux réclamations qu'avait formulées le gouvernement français.

Voici, d'ailleurs, le texte intégral de ce traité et la convention qui y fait suite, en date du 3 octobre :

TRAITÉ

Article Premier. — Le gouvernement siamois renonce à toute prétention sur l'ensemble des territoires de la rive gauche du Mékong et sur les îles du fleuve.

Art. 2. — Le gouvernement siamois s'interdit d'entretenir ou de faire circuler des embarcations ou bâtiments armés sur les eaux du Grand Lac, du Mékong et de leurs affluents situés dans les territoires visés à l'article suivant.

Art. 3. — Le gouvernement siamois ne construira aucun poste fortifié ou établissement militaire dans les provinces de

Battambang et de Siem-Reap et dans un rayon de vingt-cinq kilomètres sur la rive droite du Mékong.

Art. 4. — Dans les zones visées par l'article 3, la police sera exercée, selon l'usage, par les autorités locales avec les contingents strictement nécessaires. Il n'y sera entretenu aucune force armée régulière ou irrégulière.

Art. 5. — Le gouvernement siamois s'engage à ouvrir dans le délai de six mois des négociations avec le gouvernement français en vue du règlement du régime douanier et commercial des territoires visés à l'article 3 et de la revision du traité de 1856. Jusqu'à la conclusion de cet accord il ne sera pas établi de droits de douane dans la zone visée à l'article 3. La réciprocité continuera à être accordée par le gouvernement français aux produits de ladite zone.

Art. 6. — Le développement de la navigation du Mékong pouvant rendre nécessaires sur la rive droite certains travaux ou l'établissement de relais de batellerie et de dépôts de bois et de charbon, le gouvernement siamois s'engage à donner, sur la demande du gouvernement français, toutes les facilités nécessaires à cet effet.

Art. 7. — Les citoyens, sujets ou ressortissants français pourront librement circuler, commercer dans les territoires visés à l'article 3, munis d'une passe délivrée par les autorités françaises. La réciprocité sera accordée aux habitants desdites zones.

Art. 8. — Le gouvernement français se réserve d'établir des consulats où il le jugera convenable, dans l'intérêt de ses citoyens, sujets ou ressortissants, et notamment à Korat et à Muong-Nan. Le gouvernement siamois concédera les terrains nécessaires pour l'installation desdits consulats.

Art. 9. — En cas de difficultés, le texte français fera seul foi.

Art. 10. — Le présent traité devra être ratifié dans un délai de quatre mois à partir du jour de la signature.

CONVENTION

Les postes militaires siamois établis sur la rive gauche du Mékong et dans les îles du fleuve devront être évacués dans le délai d'un mois à dater de la signature de la présente convention. Ceux situés dans les provinces d'Angkor et de Battambang et sur la rive droite du fleuve dans un rayon de vingt-cinq kilomètres devront être évacués à la même époque et les fortifications rasées.

Les auteurs des attentats de Tong Xieng-Khan et de Kammon seront jugés par les autorités siamoises. Un représentant de la France assistera au jugement et veillera à l'exécution des peines prononcées. Le gouvernement français se réserve le droit d'apprécier si les condamnations sont suffisantes, et, le cas échéant, de réclamer un jugement devant un tribunal mixte dont il fixera la composition.

Le gouvernement siamois devra remettre à la disposition du ministre de France à Bangkok ou des autorités françaises de la frontière tous les sujets français, annamites, cambodgiens, laotiens de la rive gauche détenus à titre quelconque ; il ne mettra aucun obstacle au retour sur la rive gauche des anciens habitants de cette région.

Le bang-bien de Tong-Xieng-Khan et sa suite seront amenés par un délégué du ministre des affaires étrangères à la légation de France, ainsi que les armes et le pavillon français saisis par les autorités siamoises.

Le gouvernement français continuera à occuper Chantaboun jusqu'à l'exécution des stipulations de la présente convention et notamment jusqu'à la complète et pacifique évacuation des postes siamois établis tant sur la rive gauche du Mékong et dans les îles du fleuve que dans les provinces de Battambang et de Siem-Reap et dans un rayon de vingt-cinq kilomètres sur la rive droite du Mékong.

Le délai de six mois dont il est question pour la convention douanière à conclure est expiré au 1er avril 1894. Les négociations prévues ne seront pas suivies à Bangkok, mais à Paris.

Dans ce traité, il ne pouvait s'agir des États Shans du haut fleuve. La question du Mékong supérieur (rive droite) reste donc ouverte entre nous, la Birmanie anglaise et la Chine. Elle exige de notre part une énergique vigilance. Une Commission est chargée de relever la configuration de ces diverses principautés, en vue de la délimitation à intervenir.

Le traité franco-siamois et la convention, ayant reçu en mars 1894 l'approbation des deux Chambres, ont été déclarés exécutoires par le Président de la République française.

TABLE DES MATIÈRES

I

Le Pays des Tiêm et des Moïs, entre l'Annam central et le Mékong

II

Les Pays des Pou-Euns (Cam-Môn et Tran-Ninh), entre le nord de l'Annam et le Mékong

Appendice

CARTES

Angers, imp. Germain et G. Grassin. — 450-94.

BIBLIOTHÈQUE NATIONALE IMPRIMÉS

www.ingramcontent.com/pod-product-compliance
Ingram Content Group UK Ltd.
Pitfield, Milton Keynes, MK11 3LW, UK
UKHW031924260826
14628UKWH00003B/1399